DENIS HUISMAN
Docteur ès-lettres

LA PHILO EN BANDES DESSINÉES

Dessins de
MARTIN BERTHOMMIER

Préface de
JEAN GUITTON
de l'Académie française

HACHETTE

A André-Michel, mon Erckmann,
A Catherine, mon inspiratrice,
A Bruno, mon fils-philosophe,
en gage de ma profonde gratitude.

D. H.

© Librairie Hachette, 1977.

SOMMAIRE

QU'EST-CE QUE LA PHILOSOPHIE ? 9
Le Problème de la Vérité.

DIEU 25
Hypothèse ou réalité.

L'HOMME ET LE BONHEUR 45
La Joie est-elle à la portée de tous ?

LA LIBERTÉ 61
Sommes-nous tous « aliénés » ?

LES PASSIONS DE L'AMOUR 75
L'Amour excuse-t-il tout ?
Sommes-nous maîtres de nos passions ?

LA CONNAISSANCE D'AUTRUI 91
« L'Enfer, c'est les autres ».

L'ART ET LA BEAUTÉ 107
Peut-on vivre dans un monde de laideur ?

LA JUSTICE 121
Sommes-nous tous des assassins ?

LE LANGAGE ET LA PENSÉE 135
Peut-on penser SANS langage ?

LA MORT 153
Existe-t-il une espérance au-delà de la vie ?

Du même auteur :

BIBLIOGRAPHIE

PHILOSOPHIE

Guide de l'Étudiant en Philosophie (Presses Universitaires de France), 1955.
L'Art de la Dissertation philosophique (S.E.D.E.S.), 1957, 6ᵉ édition 1975.
Abrégés de Philosophie (avec A. Vergez), Éditions Fernand Nathan, 1975.
La Philosophie en 1500 citations (avec A. Vergez), Éditions Fernand Nathan, 1965.
La Philosophie en 60 chapitres et 300 questions (avec A. Vergez), Éd. F. Nathan, 1966.
Petit Dictionnaire de la Philosophie (avec A. Vergez), Éditions Fernand Nathan, 1971.
Le Commentaire Philosophique (avec A. Vergez), Éditions Fernand Nathan, 1970.
La Composition philosophique (avec A. Vergez) Éditions Fernand Nathan, 1964.
Court traité de Philosophie (avec A. Vergez), Éditions Fernand Nathan) :
Psychologie, Logique, Métaphysique, l'Action, la Connaissance, etc. (Préfaces de Pasteur-Vallery-Radot, Jean Rostand, Louis Leprince-Ringuet, de l'Académie française ; Étienne Souriau, René Poirier, Georges Davy, Henri Gouhier, F. Alquié, de l'Institut) (1956-1976)
Court traité de Morale (avec Madeleine Madaule et Sacha Feinberg), Éditions Nathan, 1958.
Encyclopédie de la Psychologie. 6 vol. (2 400 p.). Préface de J. Delay, de l'Académie française (Nathan).

HISTOIRE DE LA PHILOSOPHIE

Histoire des Philosophes illustrée par les textes (avec A. Vergez), Éd. F. Nathan, 1966.
La Philosophie contemporaine en 100 textes (avec A. Vergez), Éd. F. Nathan, 1970.
Histoire de la Philosophie européenne, trois volumes, Ed. Fischbacher, préface de Gabriel Marcel (avec 80 collaborateurs) 1957.
Histoire de la Philosophie, en 2 volumes illustrés. (Éd. P. de Tartas), 1976.
Introduction aux idées contemporaines (avec J.-L. Chalumeau), Éd. F. Nathan, 1969.

ESTHÉTIQUE

L'Esthétique, coll. Que sais-je ? n° 635, P.U.F., 1954, 8ᵉ éd. 1977.
L'Esthétique industrielle, (avec G. Patrix), coll. Que sais-je ? n° 957, P.U.F., 1961.
L'Esthétique de laboratoire, thèse en Sorbonne, 1974.
Les grands courants de l'Esthétique contemporaine, Critique 117 (avec A. Vergez), 1957.
Estetica francese negli cento ultimi anni, Marzorati, Milan, 1960.
Histoire de l'Esthétique des origines à nos jours in *les Grands Problèmes de l'Esthétique* de D. Boulay, Éd. Vrin, 1961.
Mélanges d'Esthétique et de Sciences de l'Art, offerts à E. Souriau, Nizet, 1952.
Introduction à l'Art contemporain (avec J.-L. Chalumeau), 1972, Nathan.
Prolégomènes à une Esthétique de la Joie, Éd. A. Comte, 1967.

DISCOGRAPHIE

La dissertation par le disque : trois disques (1965), I.D.E.S.

FILMOGRAPHIE

Les Grands Problèmes de la Psychologie (avec Marie-Agnès Malfray) : 6 émissions 1971/1972 2ᵉ chaîne.
Interrogations : 13 émissions TF 1, 1975-1976 (avec Marie-Agnès Malfray).
Les idées et les hommes : Alain, Camus, Bergson. Pascal, Platon, Comte, Descartes, Kirkegaard (avec Marie-Agnès Malfray) TF 1, 1976-1977.

Préface

Le colonel me fit appeler et il me dit : « Vous êtes agrégé de philosophie ; je vais vous mettre à l'épreuve... J'organise un cours pour les illettrés, hélas ! encore nombreux. Lieutenant, je vous le confie. Cela est plus difficile que l'agrégation. »
Le colonel n'avait pas tort. Je m'épuisai à ce travail, j'acquis une admiration profonde pour les instituteurs. Ayant échoué, et ayant relu le dialogue de Platon où il se vante d'apprendre la géométrie à un esclave, je me mis à interroger mes illettrés, leur demandant des définitions. Je me souviens d'un jour où il s'agissait de définir ce que c'était que le courage. Je m'y essayais devant les recrues et sans succès encore, quand un illettré se leva et dit : « Mon lieutenant, le courage, c'est quand quelqu'un il dit aux autres : écoutez, les petits gars, v'là ce qu'on va faire. » Et fermant les yeux, je vis Hannibal, Bonaparte, Leclerc...
Ce souvenir me vient à l'esprit, après avoir lu ce petit ouvrage de Denis Huisman, qui est en harmonie secrète avec l'expérience de ma vie. Je crois avoir enseigné à tous les niveaux : en classe de sixième, en philosophie, à la Sorbonne, au Concile... Et j'ai pu comparer les difficultés. Enseigner, c'est toujours écouter d'abord, se mettre à la place de l'autre, emprunter son langage,

s'oublier donc soi-même ; puis, c'est, tout en parlant pour tous, tenter de s'adresser à chacun, c'est « dire quelque chose à quelqu'un » ; et dans le désir d'« éduquer » son public, de lui ouvrir un horizon jusqu'ici ignoré, de le faire monter d'un degré jusqu'à une perspective plus haute, — afin que, vous ayant entendu, l'auditeur soit plus informé, plus apte au métier d'homme. Or cet exercice d'enseignement est plus facile, lorsqu'on dispose d'un langage de spécialiste, assez sophistiqué, et qui n'exige pas de « se faire comprendre ».

Et il devient difficile, lorsqu'il faut traduire sa pensée dans une langue simple, commune, élégante, enfantine ou populaire. Alors Socrate (le Socrate des premiers dialogues) devient notre modèle. Ou mieux Jésus de Nazareth, lorsqu'il parlait en paraboles.

Je fais ce long circuit pour présenter cet ouvrage.

Son auteur s'est posé pendant toute sa carrière universitaire, et sous tous les climats et à tous les niveaux, et par tous les moyens (dont le plus récent est la télévision), le problème de la communication des esprits.

Aujourd'hui, il nous propose une initiation à la philosophie. Sur les sujets éternels : le Bonheur, la Liberté, l'Amour, la Mort, il nous incite à la réflexion. En se mettant à la portée des adolescents, en parlant à la faculté « la plus partagée » selon Descartes, ce bon sens, immanent à tous. Mais Denis Huisman renouvelle ses leçons par des faits pris à la vie contemporaine : Fénelon faisait de même avec le Dauphin...

Et le paradoxe de cet ouvrage écrit pour les jeunes est qu'il intéresse aussi les doctes par surcroît : sans oser l'avouer, nous avons tous besoin de revenir aux sources.

Denis Huisman est allé aussi loin que possible : il a usé de ce nouveau langage qui se nomme la bande dessinée et dont il ne faut pas médire : car l'écriture est issue de l'image et elle peut se renouveler en y revenant par le dessin ou le schéma. Aristote mettait le syllogisme en figures. Je l'approuve de s'adresser à l'enfant. Il faut commencer avant le commencement.

Jean GUITTON,
de l'Académie française
Professeur honoraire de philosophie
à la Sorbonne.

QU'EST-CE QUE LA PHILOSOPHIE

Le problème de la Vérité

Parmi les innombrables connaissances qui constituent la culture de base permettant de « briller en société », le savoir philosophique fournit peut-être l'élément-vedette, la composante la plus élaborée de l'honnête homme ; et pourtant, la philosophie ne se confond pas avec le verbiage superficiel que les snobs étalent volontiers pour jeter de la poudre aux yeux des ignorants, à grand renfort de termes complexes et sophistiqués : elle est plus et mieux qu'un vernis culturel.

Pour beaucoup de bons esprits cependant, il s'agit d'un « pur jeu d'idées » comme l'a dit Paul Valéry ou même, à la limite, de l'art de jouer sur les mots. Voltaire dit, par exemple : « quand un homme parle à un autre homme qui ne le comprend pas et que le premier qui parle ne comprend plus, c'est de la métaphysique ! ». Les adversaires de la philosophie applaudissent la condamnation par l'auteur de *Candide* : « la philosophie est le roman de l'âme ; il n'est point aussi amusant que celui des mille et une nuits »...

Tout est contestable dans cette affirmation. La philosophie n'est jamais assimilable à un roman ; au XXe siècle, elle a complètement cessé de prendre pour point de départ l'âme humaine qui est devenue le cadet des soucis des penseurs contemporains. En revanche, elle peut être assez divertissante lorsqu'on la prend avec un certain recul.

Les philosophes nous ont laissé des monuments considérables qui ressemblent à la fois par leur poids et leur difficulté d'accès à des citadelles imprenables mais aussi à des châteaux de cartes qu'un jeune enfant pourra renverser d'un revers de main. On pourrait appliquer à bien des systèmes philosophiques le célèbre terme de Bruno Bettelheim « la forteresse vide ».

Mais toutes les philosophies ne sont pas creuses. Il y a des têtes philosophiques bien pleines, des têtes philosophiques bien faites, des esprits philosophiques venus de tous les horizons des arts, des lettres, des sciences et des techniques.

Ainsi, par exemple, Albert Einstein ne s'est pas contenté d'être un savant génial dont les découvertes ont bouleversé toutes les connaissances antérieures ; il a aussi beaucoup réfléchi sur ses propres découvertes et nous a laissé un véritable testament philosophique : *« Comment je vois le monde. »* (1)

Un horrible jargon.

Ce qui choque en philosophie, c'est que, s'agissant de problèmes aussi simples, aussi concrets, aussi directement et immédiatement liés à la vie (comme, par exemple, le fait pour un homme de choisir sa voie ; d'hésiter entre deux solutions dont l'une devrait être la bonne et l'autre la mauvaise, de discerner le Bien du Mal), l'on se heurte à l'impossibilité d'exprimer les choses

(1) Éditions Flammarion.

clairement. C'est qu'un jargon insupportable est utilisé — le plus souvent — par les plus grands philosophes de tous les pays et de tous les temps — qu'il s'agisse d'Aristote ou de Sartre, de la « quiddité » de « l'être en tant qu'être » (c'est-à-dire de la nature de l'homme chez Aristote) ou du « néant coincé entre deux néants » (il s'agit de l'instant : car le futur, qui n'est pas encore, est un néant ; le passé, dépassé, n'est plus — c'est encore un néant — et donc l'immédiat, l'instant insaisissable dans son jaillissement est un « non-être » pris entre deux « non-êtres »).

Quant à Sartre, les 700 pages de *l'Être et le Néant* qu'il intitule lui-même « Essai d'ontologie phénoménologique » ne le cèdent en rien à Aristote. La difficulté de la langue, du vocabulaire ou du style se traduisent par d'innombrables analyses ésotériques, fort peu accessibles au commun des mortels : la « conscience thétique » qui repose sur le « pour-soi niant l'en-soi » n'éclairera guère le lecteur non initié.

Platon et Aristote distinguaient d'ailleurs des cours « ésotériques » réservés aux seuls initiés et des conférences publiques pour les profanes qu'ils appelaient « exotériques ». En 2 500 ans, la philosophie ne semble guère avoir fait de progrès de ce côté-là. On reste toujours en présence de philosophes très abstraits, qui ne font guère d'efforts pour se mettre à la portée du grand public.

Et pourtant, il existe un immense public qui souhaite s'initier à la philosophie, comprendre les philosophes et suivre leurs idées. Leurs problèmes sont très proches de nous, très concrets, très « utilisables » dans notre vie quotidienne. Il s'agit de nos actions quotidiennes (« comment agir ? » — c'est la morale), de notre réflexion sur le monde et son devenir (c'est la métaphysique), de notre raisonnement élémentaire (comment parvenir à la vérité ? — c'est la logique), des goûts, des couleurs ou de la beauté la plus simple (c'est l'esthétique).

Mais l'attitude voltairienne rejoint en réalité le point de vue de la plupart des hommes (et en particulier celui de Montaigne) qui, dans l'ensemble, ne tiennent pas la philosophie en haute estime. Pour tout dire, ils ne la trouvent pas *« sérieuse »*. D'ailleurs c'est bien la faute des philosophes eux-mêmes qui ne se prennent peut-être pas tout à fait assez au sérieux qui, même, fustigent « l'esprit de sérieux ». Pascal dit, par exemple : « Se moquer de la philosophie, c'est vraiment philosopher. »

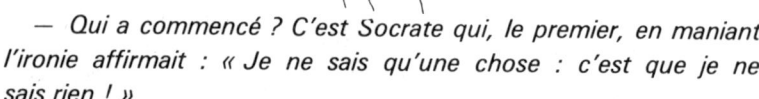

— *Qui a commencé ? C'est Socrate qui, le premier, en maniant l'ironie affirmait : « Je ne sais qu'une chose : c'est que je ne sais rien ! »*

— *Et Montaigne lui emboîte le pas avec son « Que sais-je ? »* « Nul n'est excepté de dire des sottises, ajoutait-il : l'important c'est de ne pas les dire avec **sérieux...** »

— *400 ans plus tard, Merleau-Ponty affirmait : « La philosophie peut être tragique ; elle n'est jamais **sérieuse**. »*

— *Et Valéry de conclure : « La philosophie n'est chose ni plus ni moins **sérieuse** qu'une suite en ré mineur !... »* Donc un *« pur jeu d'idées »*.

Et pourtant... si la philosophie était si peu sérieuse, s'il ne s'agissait que d'un jeu, pourquoi tous les régimes totalitaires,

pourquoi les gouvernements dictatoriaux auraient-ils tous interdit la philosophie ? Pourquoi se méfierait-on autant des philosophes ? En 1961, du temps de l'O.A.S., les généraux séditieux avaient expressément prévu l'interdiction de la philosophie dans leur programme de gouvernement... La philosophie pourrait-elle devenir dangereuse ? L'essentiel, c'est peut-être de savoir l'utiliser.

Marx, le plus grand penseur du XIXe siècle l'a bien compris notamment en abolissant la différence entre la théorie (qu'il appelle « logos ») et la pratique (ou action, « praxis »). Il ne faut plus **Interpréter** le monde mais bien le **transformer**. D'où la révolution russe de 1917, directement inspirée par Karl Marx.

Mao Tsé Toung a été, lui aussi, un grand philosophe et un homme d'action très efficace : le « petit livre rouge » n'est-il pas un manuel de philosophie à l'usage du peuple chinois ?

Philosophie et gouvernement ne sont plus incompatibles et tout au long de l'histoire, beaucoup de souverains ont tenu à attacher à leur cour ou à leurs pas, un philosophe officiel comme Descartes pour la reine Christine, Voltaire pour Frederic II, Diderot pour Catherine II de Russie ou Bacon qui fut le Premier ministre de la reine Elisabeth Ire d'Angleterre.

Platon l'annonçait déjà dans sa *République* : on ne gouverne un état qu'avec la pensée ; les meilleurs gouvernants sont des philosophes.

Mais revenons à l'étymologie : la philosophie est née au VIe siècle avant J.-C. grâce à Pythagore (l'homme de la table de multiplication et du célèbre théorème) qui s'est élevé avec véhémence contre l'appellation de « sage » qu'on lui appliquait en soutenant qu'il n'était pas lui-même un « sage » mais un « amoureux de la sagesse », non pas un « sophos » mais un « philosophos ». Bien plus tard Heidegger (1889-1976) dira que la philosophie n'est pas « l'amour de la sagesse », mais la « sagesse de l'amour ».

Le but de la philosophie c'est la recherche de la vérité ; plusieurs grands livres de philosophie portent d'ailleurs ce titre : c'est ainsi que le principal ouvrage de Malebranche s'intitule « *La Recherche de la Vérité* ».

Recherche de la vérité ?

— Pas du tout ! déclarent alors les savants. Que nous chantez-vous là ? La recherche de la vérité, c'est le but de la science et non pas celui de la philosophie.

— Pas d'accord ! ont répondu unanimement tous les philosophes, depuis « sept mille ans qu'il y a des hommes, et qui pensent », (selon le mot de La Bruyère). La philosophie englobe tout le savoir humain, y compris la science.

D'ailleurs, presque tous les savants ont été des philosophes et presque tous les philosophes ont été des savants. Socrate et Platon étaient passionnés de géométrie, Aristote, très féru de sciences naturelles.

Descartes a inventé la géométrie analytique, l'optique et l'algèbre modernes, Leibniz le calcul différentiel et intégral ; Newton était à la fois un physicien et un métaphysicien, Lavoisier, un chimiste et un « alchimiste » à la recherche de « la pierre philosophale » ; c'était un fermier général du temps de Louis XVI dont la fonction principale était de fournir de l'or. Il n'en a pas trouvé, mais il a découvert — sans le vouloir — la chimie moderne.

Comment s'y reconnaître ?

— Il y a vérité et vérité.

Il y a une vérité scientifique et une vérité philosophique. Au départ tout était confondu. Les sciences et la philosophie étaient mélangées. Le savoir universel englobait les deux sans aucune distinction.

Mais un grand mathématicien français comme Henri Poincaré a pu dire que « la science répondait à la question comment ? » alors que la philosophie répondait à la question « pourquoi ? » et l'on peut ajouter à cela que depuis Euclide, la géométrie s'est détachée de la philosophie, qu'avec Ptolémée, c'est l'astronomie qui s'est détachée du tronc commun, mais qu'il a fallu attendre la fin du XVII⁰ siècle (Newton) pour que la physique

se détache de la métaphysique, Lavoisier (fin du XVIIIe) pour que la chimie se détache de l'alchimie, le début du XIXe siècle, avec Lamarck, pour que la « biologie » soit inventée et qu'elle se détache, elle aussi, de la réflexion humaine ; en 1850, Auguste Comte, créa la sociologie qu'il distingue de la philosophie et la psychologie elle-même s'est détachée du tronc commun vers 1880 (un peu par génération spontanée, un peu grâce à des hommes comme Weber, Fechner, Wundt qui font une psychologie expérimentale, en laboratoire) vient se différencier aussi de la pure philosophie.

L'objet de la philosophie, c'est la recherche de l'absolu. Aristote disait déjà « la recherche des premiers principes et des premières causes ». Il lançait aussi cette autre définition : « La recherche de l'être en tant quêtre. »

Plus près de nous, Burloud a pu dire en reprenant l'expression Aristotélicienne : « C'est la recherche des premiers principes par une analyse de l'esprit et dans une perspective de synthèse totale. »

Aïe, Aïe, Aïe... Autrement dit, l'art de couper les cheveux en quatre ? « La philo... c'est la folie en robe de bal » dit Marcel Achard dans son discours de réception à l'Académie française. Du bla-bla-bla. Les ennemis de la philosophie lui reprochent de développer des idées si générales qu'elles ne peuvent en réalité servir à rien.

Ce n'est pas exact. La philosophie, grâce notamment à la logique ou l'art du parfait raisonnement, permet d'analyser les situations et de déterminer les meilleures solutions à prendre, de trouver la sagesse par la domination de ses passions et la justesse de ses positions. Le sens commun ne s'y trompe pas qui dira d'un homme qu'il prend les choses avec philosophie alors qu'au milieu des pires malheurs il garde son sang-froid et se résigne à subir les durs coups du destin. Être philosophe, c'est bien juger les choses ; et Descartes a pu dire « il suffit de bien juger pour bien faire ».

Ici, interviennent d'autres adversaires de la philosophie : les hommes de religion. Ceux-ci vont objecter que ce n'est pas la philosophie qui guérit des passions, console des malheurs et promet un monde meilleur au-delà de la mort : l'immortalité de l'âme. C'est la religion qui nous garantit tout cela : Dieu, l'âme et le corps, le bien et le mal, voilà des problèmes typiquement religieux.

— Religieux ou philosophiques ? La philosophie s'intéresse au

problème de Dieu (qu'on appelle d'ailleurs la « théologie rationnelle »), au problème du monde extérieur (la « cosmologie rationnelle »), au problème de l'immortalité de l'âme (la « psychologie rationnelle »). Tout cela fait partie de la métaphysique qu'Aristote appelait philosophie première et qu'on appelle aujourd'hui souvent, philosophie générale.

Ainsi, philosophie et religion seraient exactement la même chose ? Où est l'originalité, la spécificité de la philosophie par rapport à la religion ou « théologie » ? Pour certains philosophes, en effet, ces deux types de connaissance se confondent.

Bien plus, la philosophie n'est que la servante de la religion

(ancilla theologiæ, dit saint Thomas d'Aquin). Au XXe siècle, on considère que la philosophie, si elle a le même objet que la religion, n'en a pas le même *Esprit*. La religion est dogmatique (un des premiers théologiens, Tertullien, au début de l'ère chrétienne, s'est rendu célèbre en disant « credo quia absurdum » (je crois parce que c'est absurde).

Au contraire, il n'y a de philosophie que dans l'esprit critique : dans une réflexion particulièrement contestataire qui refuse toute croyance a priori.

Kant, qui est peut-être le plus grand philosophe de tous les temps, a d'ailleurs lui-même baptisé son système (le Kantisme) d'un nom très significatif à cet égard : le « criticisme ». Et ses trois ouvrages principaux s'appellent : *La critique de la raison pure* (1781), *La critique de la raison pratique* (1788) et *La critique du jugement* (1790). Il a résumé toutes les interrogations de la philosophie en trois questions-clés :

— **Que puis-je connaître ?**
— **Que dois-je faire ?**
— **Que m'est-il permis d'espérer ?**

Ce n'est pas dans le même esprit que la religion pourrait, éventuellement, s'attaquer à ces questions. La religion a toujours une orthodoxie, elle ne remet rien en question. Elle ne procède pas par interrogations. Elle apporte des solutions, des réponses définitives.

Un grand philosophe allemand contemporain, Karl Jaspers (1882/1974), dans son introduction à la philosophie, soulignait que la philosophie n'apporte jamais de solutions aux problèmes car « la réponse aux problèmes pose elle-même de nouvelles questions ». Prenons l'exemple de la mort : la religion nous donnera des solutions « prêtes-à-porter », certaines religions parleront de nirvana, de néant, tandis que le christianisme proposera sa solution d'un jugement dernier et d'une rédemption.

Quant aux philosophes, il y a autant de solutions que de philosophes différents. Chacun pense avoir trouvé son propre système. Un philosophe français actuel, Georges Gusdorf, précise à ce sujet : « aucune philosophie n'a pu mettre fin à la philosophie bien que ce soit le vœu secret de toute philosophie ».

Ne cherchons donc pas dans la philosophie une matière de

connaissance comme les autres, un savoir bien classé, bien commode, bien pratique : c'est d'abord et avant tout une réflexion, une mise — voire une remise en question — un dépassement de soi-même, une perpétuelle quête de l'être. Mais toute quête ne vise-t-elle pas à devenir conquête ? Pas nécessairement : la philosophie est la recherche de la vérité ou d'une vérité, mais les philosophes ne pensent pas que cette vérité ne puisse ni être définitivement acquise, ni parfaitement conquise. Ils continuent tous à philosopher malgré les milliers d'ouvrages qui s'entassent dans les bibliothèques et où ils ont apporté leur vision personnelle de l'univers.

Aucun philosophe n'espère qu'on le suivra entièrement. On raconte qu'une brave mère de famille avait amené un jour à Rousseau un petit garçon qu'elle avait élevé selon les principes de l'*Émile*. Rousseau lui répondit, paraît-il avec indignation : « vous avez eu bien tort ».

L'interrogation, le doute, l'incertitude sont les meilleurs critères de la réflexion philosophique. Comme l'a dit Kant « il n'y a pas de philosophie que l'on puisse apprendre, on ne peut qu'apprendre à philosopher ».

DIEU

Hypothèse ou réalité ?

« Dieu ? Je n'ai pas besoin de cette hypothèse ! »

Ainsi parlait le mathématicien Laplace (1) qui illustrait avec force une position fréquemment adoptée : celle des agnostiques ; c'est peut-être **votre** position. Vous êtes peut-être agnostique sans le savoir et sans le vouloir. Si vous ne vous sentez pas

(1) Laplace (1749-1827) mathématicien et physicien célèbre à qui l'on doit une des plus fameuses explications de l'origine du monde sans appel à Dieu.

concerné par Dieu, si vous vous moquez éperdument de savoir s'il existe OU NON, si Dieu ne vous pose pas de question grave, si vraiment ce n'est pas votre problème, alors, et dans ce cas, vous pouvez vous dire A-GNOS-TIQUE. Ce mot vient du grec, et veut dire « a » (privatif) — QUI N'A PAS — (« gnose » signifiant le savoir, la connaissance) — LA CONNAISSANCE de ce problème.

Pourquoi AGNOSTIQUE et non pas tout simplement **athée** ? Parce que l'athée prend position **contre** Dieu : il est sûr que Dieu n'existe pas. Il n'est pas indifférent au problème : il est concerné. Pour lui, le problème de Dieu va se poser et même s'imposera avec une rare insistance. Et c'est après mûre réflexion que l'athée conclura à l'inexistence de Dieu. Tout au contraire, l'agnostique ne prend pas parti : il lui est indifférent que l'on puisse croire ou ne pas croire en Dieu. La position de l'agnostique est illustrée par exemple par Denis Diderot (2) qui dans ses *Pensées Philosophiques* écrit : « il est important de ne pas prendre de la ciguë pour du persil, mais non de croire ou de ne pas croire en Dieu ».

Beaucoup de gens croient tout bonnement que Dieu existe. Mais pour eux cela ne fait pas vraiment problème. Ils refusent en fait que l'on pose le problème de l'existence ou de l'inexistence d'un être suprême. Il est l'évidence même.

Rabelais parlait de ces « matières de bréviaire » en les opposant aux problèmes philosophiques.

Descartes, lui, fait allusion à « la foi du charbonnier » et prétend « pratiquer la religion de [sa] nourrice ».

Plus près de nous, un grand nombre de chrétiens pratiquent modérément une religion peu contraignante en avouant « avoir

---

(2) Diderot (1713-1784) co-fondateur avec d'Alembert de *l'Encyclopédie* qui fut, avec Voltaire et Rousseau, l'un des trois plus grands philosophes français du XVIIIe siècle.

la foi » qu'ils refusent de « mettre en question » parce que la philosophie ne les passionne pas. On dit que ces gens sont des « fidéistes » mais beaucoup ignorent qu'ils le sont. De nombreux bons croyants s'étonneraient, en effet, si on leur expliquait qu'ils ont adopté une position fidéiste alors qu'ils ne pensent pas avoir pris de position philosophique.

Le critère du fidéisme, c'est, en gros, le refus de chercher des preuves, des raisons, des arguments pour prouver quoi que ce soit. Les fidéistes renoncent absolument à prouver l'existence de Dieu : ils la tiennent pour un fait acquis, un postulat de base, un principe immuable, sans lequel tout s'ecroulerait.

Enfin, vous pouvez être mystique, comme saint Jean de la Croix, sainte Thérèse de Lisieux ou Bernadette Soubirous. Vous appartenez alors aux êtres pour qui Dieu est « sensible au cœur » (comme le disait Pascal). Ils sont « habités », « visités » par Dieu : et c'est presque un sacrilège que de poser la question de son existence.

LE JEU DE CACHE-TAMPON

Avez-vous déjà joué à cache-tampon ? C'est un jeu très amusant dans lequel les enfants font souvent des prodiges. On vous dit que vous « chauffez », que vous « refroidissez », que vous « brûlez » ou que vous êtes « glacial(e) » selon que vous approchez ou que vous vous éloignez de l'objet caché. Mais pour jouer à ce jeu, il est indispensable de savoir avec quoi l'on joue. On ne peut rien trouver si on ne sait pas d'avance **ce que l'on doit chercher**. Eh bien, pour Dieu, c'est pareil ! Avant de se poser la question de savoir si Dieu existe ou non, il est indispensable de se demander « ce qu'est Dieu ». D'où un problème appelé en philosophie celui de l'« essence » ou encore de la « nature » de Dieu.

QU'EST-CE QUE DIEU ?

Trois grandes réponses ont été faites à cette question. Ce qui est peu, compte tenu des dizaines de milliers de philosophes et de penseurs qui l'ont abordée.

L'antiquité gréco-latine est *polythéiste*. Le Dieu adoré n'est pas unique, mais au contraire représenté sous forme d'une multiplicité de dieux variés ayant chacun un rôle qui lui est propre : Dieu de la guerre (Mars), Déesse de la sagesse (Minerve), Dieu du commerce (Mercure), de la Médecine (Apollon) etc. Ces innombrables dieux sont comme des mortels, comme des hommes. Un nom prétentieux s'applique à cet état : « l'anthropomorphisme ». Chacun imagine Dieu à son image. On retrouve l'illustration de cette thèse dans le charmant film américain « Verts pâturages » qui retrace la genèse biblique avec des enfants noirs et un pasteur à barbe blanche incarnant Dieu-le-Père.

Le paganisme de la civilisation gréco-romaine se traduirait, de la même manière, par des images des dieux ressemblant à des hommes, des déesses pareilles à des femmes avec

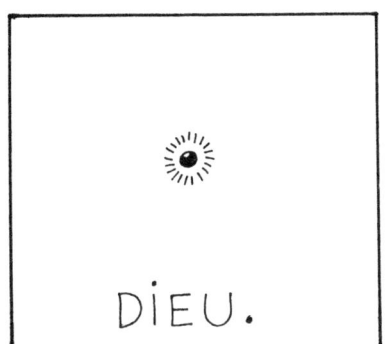

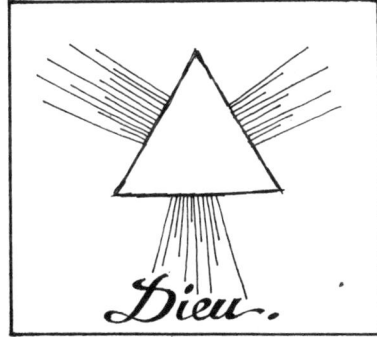

* c'est écrit

31

toutes leurs caractéristiques. C'est ainsi que Junon, Vénus et Minerve vinrent un jour trouver Pâris pour lui demander de les départager : laquelle des trois était-elle la plus belle ?

Autre conception de l'histoire des idées : **le théisme** judéo-chrétien. Pour la Bible, que nous connaissons tous, Dieu est un ; c'est l'Éternel, il est unique ; il possède des quantités de qualités métaphysiques, physiques et morales. Il est suprêmement BON. Il sait tout (il est omniscient), il peut tout (il est omnipotent). C'est le Dieu PROVIDENCE, il est hyperbonté et omniprévoyant. On appelle cela les « attributs » de Dieu. Du point de vue méta-physique, Dieu c'est l'absolu (et non le relatif). Il est le commencement et la fin de toutes choses. Il est infini, éternel et parfait. Il a même les plus rares vertus : celle de l'ubiquité (c'est-à-dire qu'il manifeste sa présence en tout lieu dans le même temps). Mais, comprenne qui pourra, il détient aussi celle de l'« aséité ». Il est partout et nulle part à la fois. Intemporel et Éternel. C'est ainsi que les religions juive et chrétienne ont vu Dieu durant trois millénaires.

Enfin, pour certains philosophes, Dieu peut être conçu de manière « **panthéiste** ». Les deux plus célèbres philosophes de l'Histoire des Idées sont à cet égard, Spinoza au XVIIe siècle, Hegel au XIXe siècle.

Le panthéisme consiste à dire : Dieu (Theos) est dans tout (Pan) et réciproquement, tout est en Dieu. Autrement dit, on ne peut séparer Dieu du monde extérieur, ni dissocier les âmes de Dieu. Tout se mélange. Il n'y a qu'une substance unique : l'âme, le corps, le monde extérieur et Dieu ne font **qu'un**.

Que faut-il conclure sur la nature de Dieu ?

Est-ce un *seul* Dieu séparé de ses créatures qui aurait créé l'homme (tel Adam) à son image ? Sont-ce mille et un dieux, « les dieux » (comme disait Alain) qui vivaient sur l'Olympe et surveillaient les âmes du haut de leur montagne ?

Est-ce enfin un seul « magma » indifférencié qui se confondrait avec l'âme et le corps, une substance UNIQUE dont l'homme ferait finalement partie ?

Il est difficile de répondre et de trancher. Mais de la façon dont on conçoit Dieu dépendront les réponses aux questions que l'on se pose sur lui. C'est Einstein à qui on avait posé cette même question : « Croyez-vous à l'existence de Dieu ? » ; il répondit du tac-au-tac : « Commencez par me dire CE QUE VOUS

ENTENDEZ PAR DIEU et je vous dirai seulement APRÈS si j'y crois... ».

Le problème de la nature de Dieu étant, sinon tout à fait éclairci, du moins un peu dégrossi, passons donc à la question la plus importante de toutes : Dieu existe-t-il ? Maurice Clavel vient tout récemment de publier un livre dont le titre lui-même apparaît comme un grand coup de poing sur la table : « Dieu est Dieu, nom de Dieu ! ».

Dieu existe-t-il oui ou non ? Est-ce une pure hypothèse ou existe-t-il à l'état de certitude absolue ?

Dans ce domaine, les théories philosophiques s'opposent formellement, avec une constance et une symétrie tout à fait exceptionnelles à travers toute l'histoire de la pensée humaine : pour les penseurs théistes, c'est en effet une certitude absolue ; pour la plupart des philosophes matérialistes et pour les empiristes très portés sur l'action (on parle souvent à leur propos de « pragmatistes ») : Dieu ne serait qu'une hypothèse particulièrement stupide, inventée par les hommes pour se protéger et se réconforter dans leur angoisse « existentielle ».

Le plus ancien et le plus célèbre de tous les arguments en faveur de l'existence de Dieu c'est l'argument ontologique. On l'appelle ainsi parce qu'en philosophie « ontologie » veut dire « science de l'être en tant qu'être » et que Dieu apparaît comme l'Être Suprême, l'Être pur, l'Être en soi et pour soi...

Il était une fois, au fin fond du Moyen Âge, un ermite très vieux, mais très sage, qui ruminait dans sa tête blanchie sous la prière des tas d'arguments pour « enfoncer » l'adversaire (l'incroyant, le mécréant), celui qui ne voulait pas croire en Dieu.

Il crut avoir une idée de génie.

Il se dit à peu près ceci : « A partir du moment où l'athée

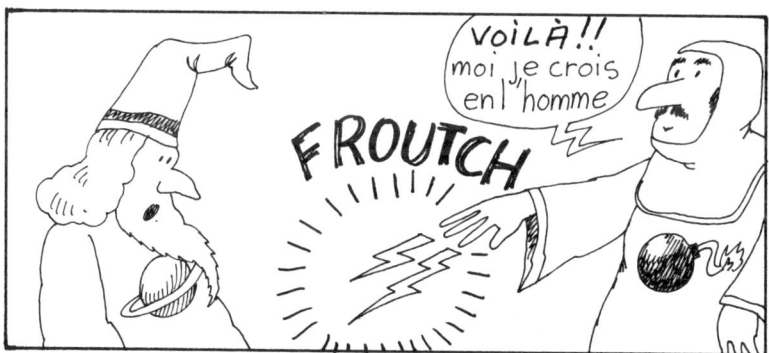

pense qu'existe l'idée du parfait, il croit nécessairement en Dieu !»
— Comment cela ?
— En effet, le mécréant va être interrogé par notre moine qui lui posera la question de savoir s'il a l'idée du parfait. De deux choses l'une : ou bien la réponse sera négative et on passera à un autre incroyant qui lui répondra plus positivement, ou dès la première question, notre athée, complètement « piégé », va répondre, d'entrée de jeu, par l'affirmative. Cela donne, en gros, le dialogue suivant :
« Avez-vous l'idée du parfait ?
— Oui, pourquoi pas ?
— Vous avez donc l'idée d'un être qui a **toutes les qualités** sans aucune exception : la bonté (voire l'excellence), la générosité, la sainteté, la grandeur, la force, la puissance, etc. Si d'aventure, cet être avait toutes les qualités **sauf une**, vous convenez bien qu'il cesserait d'être parfait...
— Sans doute : mais où voulez-vous en venir ?
— Si vous accordez à cet être toutes les qualités les plus rares et les plus extraordinaires, vous n'allez pas le priver d'une toute petite qualité de rien du tout : la « réalité » l'« existence », puisque, de la sorte, il cesserait d'être parfait.
— Peut-être !
— Donc, vous croyez en Dieu : vous pensez que Dieu existe puisque le parfait existe ; et qu'on appelle Dieu « le parfait », « l'être parfait », « la perfection » ou « Dieu », — peu importe : quelque chose existe d'absolument parfait ; laissez-moi l'appeler « Dieu » ! »

Il faut reconnaître que cette argumentation est très remarquable : le moine de génie qui l'a inventée vivait au XIe siècle (de 1033 à 1109). Il s'appelait saint Anselme.

Descartes a repris l'argument de saint Anselme en le perfectionnant encore. Mais, en gros, cette preuve lui plaisait bien. Dieu est donc le seul être dont l'essence et l'existence se recouvrent, se recoupent, se confondent : par définition, sa nature (son essence), c'est d'être PARFAIT et donc d'avoir tous les attributs (toutes les qualités), y compris la réalité (l'existence).

Enchanté de cette superbe argumentation, Descartes y ajoute une autre preuve métaphysique : celle de l'idée d'INFINI. Je suis un être fini. Et j'ai l'idée de l'infini. Or, en vertu de l'adage, « CAUSA AEQUAT EFFECTUM » (la cause égale l'effet), si je ne suis pas infini moi-même et si j'ai l'idée de l'infini, il faut

mais il est bon ...
SALUT!
vous trouvez!?...
SALUT
NON!
FROUTC
il faut en finir!!
J'EN AI ASSEZ!
de faire le guignol
BON, ALLEZ JE VOUS LAISSE JE N'AI PAS QUE ÇA À FAIRE MOI.
FIN

bien que cet infini ait été mis en moi par un moyen ou par un autre. Qu'est-ce que cela prouve ? Cela prouve que si **moi** — être fini — j'ai en **moi** l'idée d'infini, cette idée a été mise **en moi** par un être infini qui existe nécessairement en dehors de **moi**. Sinon, je n'aurais pas l'idée de l'infini. Puisque je suis sûr et certain de l'idée de l'infini et que Dieu seul est capable de l'avoir mise **en moi**, par cela seul que j'ai l'idée du PARFAIT ou de l'INFINI, je puis en conclure que Dieu existe en toute certitude.

Kant, dans *La Critique de la raison pure,* a repris les fameux arguments « ontologiques » et a tenté de démontrer qu'ils ne tenaient pas debout.

En effet, il y a un « passage à la limite » de l'idée au fait, de l'essence à l'existence, du possible au réel.

Kant imagine qu'il a dans sa poche une pièce de 100 thalers qui serait absolument parfaite : dans cette hypothèse, elle aurait absolument toutes les qualités ; elle serait finement gravée, elle pèserait son poids d'argent, elle serait brillante, pure, impeccablement propre (comme un sou neuf), bien lisse, etc. Elle est parfaite : elle a donc toutes les qualités, sans aucune exception. Elle possède donc la réalité, l'existence : je plonge brusquement la main dans ma poche ; je la retire ; je retourne ma poche ; pas de pièce !

— Tiens ! Je croyais pourtant qu'elle avait toutes les qualités... dont la réalité !

— Qu'est-ce que cela prouve ? Que l'idée de cette pièce ne suffit pas à faire naître la réalité elle-même. Dans le cas de l'idée du parfait ou de l'idée d'infini, le problème est le même : on a prouvé que l'idée de Dieu était possible, non certaine ; que Dieu pouvait exister — mais qu'il n'était pas sûr qu'il existât. c'est possible — comme il est possible que j'aie une pièce dans ma poche. Mais cela n'a rien de certain.

Une autre preuve célèbre en faveur de l'existence de Dieu a été avancée par Aristote. Il a parlé d'une « cause première ». L'idée est simple : l'univers n'a pas pu exister sans avoir été, au départ, « mis sur orbite », créé, fabriqué. Il n'a pas pu naître de rien. On dit en latin « ex nihilo ». Un proverbe latin dit « ex nihilo nihil » (« du non-être, rien ne peut naître »). Il a donc bien fallu à l'origine, un architecte, un ingénieur, un ouvrier pour donner le « premier coup de pouce », ce que Pascal appelait « la première chiquenaude ». Sans cela rien n'existerait. C'est simple, logique, cohérent.

Le monde n'aurait pas pu exister s'il n'y avait pas eu, au départ, un être (suprême), quelqu'un pour donner « le coup d'envoi ». Appelons-le Dieu, c'est plus simple et disons que Dieu a créé le monde.

Kant oppose à cette argumentation une explication diamétralement contraire. Et si le monde avait existé de toute éternité ? Et s'il n'avait pas eu à être créé ? Et si tout avait toujours existé sans point de départ ? C'est la même chose pour l'histoire de la fin du monde. Et l'on peut se référer à cet égard à la panique épouvantable de l'an 1000 durant lequel la plupart des contemporains craignaient de vivre leur dernière heure.

Pourquoi le monde s'arrêterait-il brusquement ? Mais pourquoi aurait-il commencé à certain moment ?

Dans la *« Dialectique transcendantale »*, troisième et dernière partie de *« La Raison pure »*, Kant renvoie dos-à-dos les partisans d'un monde « fini » avec un commencement et une fin et ceux d'un monde « indéfini » sans commencement ni fin. Il y a autant de raisons de croire à l'une ou à l'autre de ces deux conceptions. Il n'est pas nécessaire qu'il y ait eu un point de départ à partir duquel le monde aurait fonctionné.

L'argument symétrique du commencement du monde, c'est la preuve des « fins dernières ». On parle parfois de l'argument « téléologique » (**téléon** signifiant en grec, le **but**). Notre univers est un monde bien fait, bien organisé, bien conçu ; il est construit en fonction d'une idée directrice, d'un but bien déterminé, d'une fin dernière. C'est-à-dire qu'il comporte plus de bonnes choses que de mauvaises. C'est un monde bien fait, harmonieux.

Leibniz parlait même d'une « harmonie préétablie ». Dieu aurait créé un monde merveilleux pour le plus grand bien de tous et l'on connaît son mot : « Tout est pour le mieux dans le meilleur des mondes possibles. »

Voltaire ironise à ce sujet, dans son roman *« Candide »* et condamne violemment (par exemple dans son poème sur le désastre de Lisbonne, en partie ravagée par un tremblement de terre) la position de Leibniz. Voltaire ne pensait pas que notre terre fût parfaite mais il a déclaré dans un distique :

« L'univers m'embarrasse, et je ne puis songer,
Que cette horloge marche, et n'ait point d'horloger ».

Dans le même esprit, on se souvient aussi des exemples

proposés par Bernardin de Saint-Pierre (1). Si le melon comporte des rainures sur sa peau, c'est que Dieu a voulu qu'on en mange le dimanche en famille » Fabre s'extasiait sur son insecte préféré, le sphex, dont l'instinct prodigieux lui permettait de se reproduire en faisant naître une larve plusieurs mois après sa mort.

Kant conteste les découvertes de cette prétendue harmonie de l'être : tout est faux-semblant. Beaucoup de choses sont mal faites, imparfaites, mal organisées. Il n'est pas indispensable d'imaginer que le monde est harmonieux. Pourquoi veut-on à tout prix faire de l'univers un monde bien construit ? Pourquoi ne serait-il pas au contraire dysharmonieux, mal fait ? Rien ne prouve qu'il ait été conçu en fonction d'un plan initial.

Jean-Paul Sartre reprend un à un les arguments de Bernardin de Saint Pierre et les réfute.

— Si le « bon Dieu » a voulu que tout fût bien, pourquoi a-t-il créé les poissons aux nombreuses arêtes qui se plantent dans la gorge ?

Pourquoi avons-nous un appendice qui ne sert à rien, des mastoïdes, des sinus dans lesquels des sinusites, des mastoïdites éliront leurs sièges ? Mille et une maladies pourraient être évitées si nous ne possédions pas ces glandes, ces organes adenoïdiens, sièges d'infections nombreuses et variées.

Le corps humain est mal fait, dysharmonieux, plein de faiblesses et d'insuffisances. Le psychophysicien Helmholtz soutenait que : « Si on lui apportait un appareil optique aussi mal conçu que l'œil humain, il le renverrait immédiatement. »

Et Voltaire de conclure : « Si Dieu nous a faits à son image, nous le lui avons bien rendu ! »

Après avoir tenté dans *La Critique de la raison pure* de montrer qu'il y avait une « antinomie », un dilemme de la raison

(1) Bernardin de Saint-Pierre (1737-1814), romancier et naturaliste français auteur de « Paul et Virginie », « La chaumière indienne » et des « Harmonies de la nature ».

PENSEZ A VOTRE AVENIR

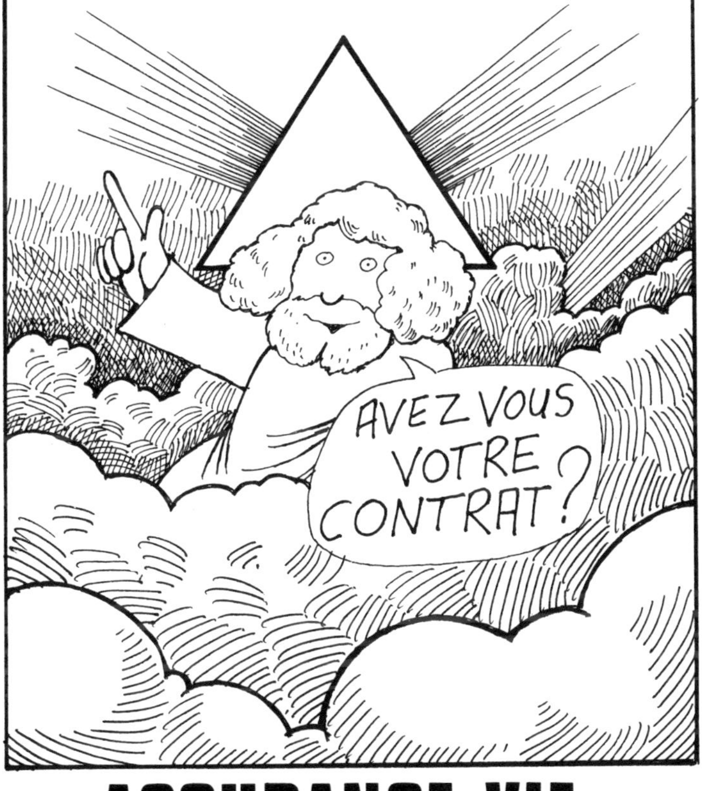

ASSURANCE-VIE

DIEU

EN TOUS GENRES

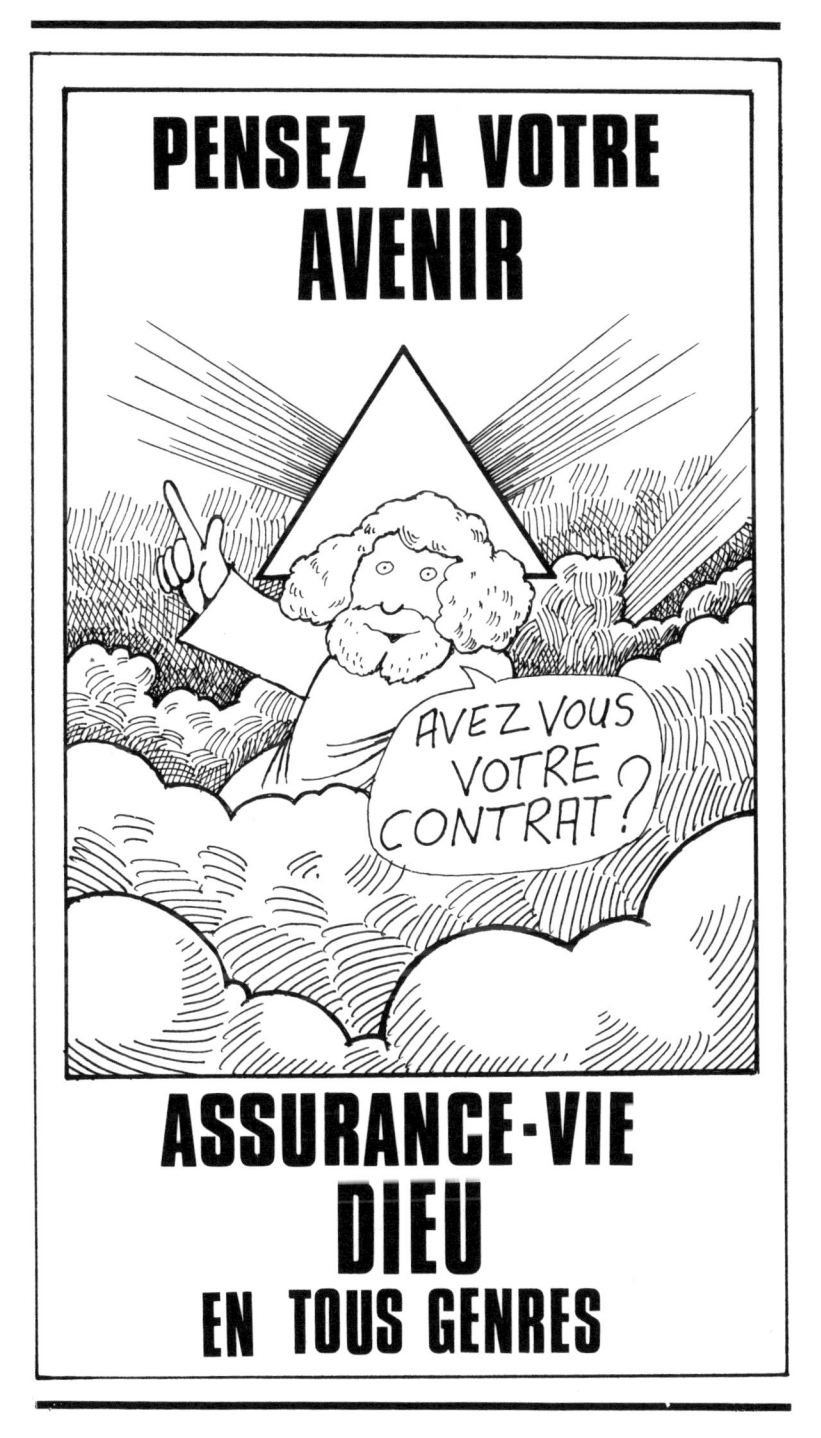

pure : à savoir que les arguments en faveur de l'existence de Dieu et les preuves que l'on pouvait soutenir contre elle se contrebalançaient également, Kant est revenu sur cette position métaphysique.

En effet, dans *La Critique de la raison pratique,* publiée sept ans plus tard (1788), Kant a soutenu que l'existence de Dieu était « un postulat de la raison pratique ». Il ne cherche pas à prouver Dieu par un raisonnement logique mais il montre que l'existence humaine n'aurait guère de sens si l'on ne pouvait pas établir comme un fait absolument certain que Dieu existe. C'est en effet sur Dieu que se fonde la loi morale : et, selon Kant, il faut toujours agir « par pur respect pour la loi morale ». Kant postule dont l'existence d'un « Dieu justicier » qui « par un système de récompenses et de punitions rétablira dans l'au-delà l'harmonie entre la vertu et le bonheur » (Vergez), cette vertu et ce bonheur n'existant guère dans notre monde humain.

Kant va donc prouver la métaphysique à partir de sa morale, en fondant l'existence de Dieu sur une morale qui elle-même repose sur d'autres postulats : la liberté humaine et l'immortalité de l'âme. Il demandera d'ailleurs que soient gravées sur sa tombe les deux vérités auxquelles il a le plus cru, à savoir « le ciel étoilé » au-dessus de sa tête et la « loi morale » à l'intérieur de son esprit.

Voltaire, penseur bourgeois du XVIIIe siècle soutenait : « **si Dieu n'existait pas, il faudrait l'inventer !** ».

Bakounine, anarchiste révolutionnaire du XIXe siècle déclarait à son tour : « **Même si Dieu existait, il faudrait le supprimer !** »

Marx a soutenu que « la religion est le soupir de la créature accablée, le cœur d'un monde sans cœur... elle est l'opium du peuple ». Pour Marx, en effet, « l'athéisme est une négation de Dieu et, par cette négation de Dieu » on a pu prouver l'existence de l'homme. Cette position est probablement la plus couramment admise par tous les non-croyants de la moitié du globe où l'on pratique une philosophie inspirée de Karl Marx.

Mais il est, depuis une centaine d'années, une pensée qui, tout en étant très éloignée de celle de Marx, s'impose à de nombreux philosophes contemporains : c'est celle de Nietzsche. C'est ainsi, par exemple, que Nietzsche a répété à maintes reprises : « Dieu est mort ! ». Ce fils de pasteur a été littéralement obsédé par le problème de la religion, hanté par le christianisme, obnubilé par l'idée de Dieu. « Il n'y a jamais eu qu'un seul chrétien et il a fini sur la croix » dit Nietzsche. Ou encore : « l'idée de Dieu fut jusqu'à présent la plus grande objection contre l'existence. Nous nions Dieu — par là seulement nous sauvons le monde ». Et dans une boutade : « le diable n'est que l'oisiveté de Dieu ».

Les enfants ont souvent des arguments très forts pour douter de la valeur d'une explication par Dieu. Ainsi, dans son **« Introduction à la philosophie »**, le grand penseur Karl Jaspers (raconte les dialogues qu'il engageait avec sa petite fille (âgée de 5 ans).

Jaspers lui commentait la Bible. Il lisait :
— « Au commencement, il y avait la terre et l'eau... »
Et la jeune interlocutrice de rétorquer :
— « Tiens ? Mais qu'y avait-il avant le commencement ? »
Ou encore Jaspers disait :
— « Dieu a fait ceci, Dieu a fait cela... »
— « Mais alors qui est-ce qui a fait Dieu ? »

LE PARI DE PASCAL

Un des textes les plus célèbres de la philosophie universelle c'est le fragment des **Pensées** où Pascal propose à l'incroyant de parier avec lui. Quatre possibilités s'offrent alors au « parieur » :
1) Dieu existe, en effet, et il a parié pour lui,
2) Dieu n'existe pas et il a quand même parié pour lui,
3) Dieu existe et il a parié contre lui,
4) Dieu n'existe pas et il a parié contre lui.

De ces **quatre cas**, en fait seule la dernière hypothèse constitue une position cohérente : on a supposé que Dieu n'existait pas ; on a donc parié contre lui ; et l'on a gagné son pari contre lui.

43

Mais dans les **trois autres hypothèses**, on aura eu raison de parier pour Dieu, même si jamais Dieu n'existait pas. L'exemple de certains athées est significatif à cet égard. Il y a une vingtaine d'années, par exemple, le président Edouard Herriot demandait **in extremis**, avant de mourir, l'assistance de la religion. On s'étonna qu'un anticlérical aussi violent ait pu, dans ses derniers instants, avoir un mouvement d'angoisse avant le dernier passage. Et il est significatif de se remémorer le témoignage de Robert Mallet, assistant aux derniers moments du très croyant Paul Claudel, qui affirmait (peut-être pour se convaincre lui-même) : « Je n'ai pas peur... je n'ai pas peur ! »

Il n'y a donc que dans **le quatrième cas** où l'harmonie soit parfaite.

Autrement nous sommes perdants en ne jouant pas Dieu. Il faudrait en n'importe quelle circonstance parier pour lui, car on serait sûr de ne pas tout perdre.

S'il n'existe pas et qu'on a parié pour lui, on a gagné une assurance sur la vie, une confiance en l'au-delà qui nous mènera à une belle mort ; celle de l'homme qui croit à un au-delà. S'il ne croit à rien, il mourra mal et sera effroyablement malheureux jusqu'à ses tout derniers moments, craignant de tomber dans quelque chose de pire encore.

Pascal disait : « Entre l'absurde et l'inconnaissable, on ne peut pas ne pas choisir ce dernier. »

Il ajoutait : « nous sommes embarqués » ou encore « il faut parier ». Il est beaucoup plus agréable en fin de compte de parier pour Dieu : il faut adopter cette solution avec l'espoir que philosophes, théologiens, croyants ou athées, mystiques ou agnostiques, tous se retrouveront dans leurs derniers moments avec un petit espoir, une minuscule lueur qui est la promesse d'une survie.

Et laissons Pascal conclure en un mot célèbre : « Athéisme ? Signe de force d'esprit, mais jusqu'à un certain degré seulement. »

L'HOMME ET LE BONHEUR

"Comme la fraise a le goût de fraise, la vie a le goût de bonheur."
- Alain.

La joie est-elle à la portée de tous ?

C'est un philosophe et un grand théoricien du bonheur, Spinoza qui a dit : « Toutes les choses belles sont aussi difficiles que rares » (il s'agit d'ailleurs de la dernière phrase de son ouvrage l'*Éthique*).

Le bonheur ne fait pas exception à la règle. Comme toutes les choses belles, il est difficile et rare.

Quand Jacques Chancel demande aux personnalités qu'il interroge chaque jour, dans le cadre de son émission « Radioscopie », « Êtes-vous réellement heureux ? », « Avez-vous conscience d'être heureux ? », c'est par un mouvement très superficiel que l'on a tendance à répondre « oui ». Car si l'on pousse l'interviewé(e) dans ses derniers retranchements, il finit par dire : « Je crois » ou « peut-être », ou « presque ». Penser que l'on est pleinement heureux procède d'une formidable présomption. C'est presque tenter le diable. On aurait envie de toucher du bois. Par sa célèbre expression, la mère de Napoléon, la sage Laetitia, savait très bien imager cela : « Pourvu que cela dure ! »

Non, le bonheur ne **dure** pas.

Il n'est, pour Schiller (1759-1805), qu'une « étincelle divine » ou, comme le cite Jankélévitch dans son *Traité des Vertus,* qu'« une bulle d'oxygène ».

On dit souvent que le bonheur ne se conjugue pas au présent, mais, selon l'âge, au futur ou au passé. On espère un jour être heureux, on pense qu'on pourra l'être plus tard, dans un certain temps. On peut aussi se rappeler des souvenirs heureux de son enfance ou de son adolescence, il y a déjà très, très longtemps. Mais en ce moment, dans l'immédiat : là, non. On ne croit pas vraiment être heureux.

A cet égard, les obstacles sont de tous ordres : matériels, économiques, physiques, financiers, sociaux, spirituels, intellectuels... On voudrait bien pouvoir être heureux, mais c'est impossible. Et cela ne le sera de nouveau, qu'après avoir réglé quantité de problèmes restés en suspens.

Tous les philosophes ont parlé du bonheur. Tous n'ont pas dit qu'il était accessible. Beaucoup ont souligné son caractère exceptionnel, les difficultés insurmontables qu'il fallait pouvoir résoudre avant d'y accéder.

Beaucoup de philosophes y croient toutefois.

Tout commence toujours par Socrate (470-399 avant J.-C.).

Alors, posons-lui la question. Socrate croyait-il à la possibilité pour l'homme d'être heureux ? Eh bien, oui. Socrate était optimiste en ce qui concerne le bonheur. Pour lui, le bonheur était synonyme de sagesse, presque de science. Il fallait apprendre le bonheur comme on apprend la vertu. En écoutant son être, sa conscience, son devoir. « Nul n'est méchant volontairement » soutenait Socrate. De cette pensée se dégage une véritable philosophie du savoir. « La **vertu** est une **science** » dit Socrate.

Cent ans plus tard, Aristote (384-322 avant J.-C.) répond : « Pas du tout, c'est la **science** qui au contraire est une **vertu**. »

Mais laissons là ces discussions abstraites de penseurs théoriques au profit d'une recherche concrète du bonheur.

Pour Aristippe de Cyrène (Ve siècle avant J.-C.), disciple de Socrate, le bonheur consiste en la recherche du simple plaisir tempéré par la raison. Pascal abonde en son sens et précise que « l'homme est fait pour le plaisir ; il le sent ; il n'en faut pas d'autres preuves ». Cette philosophie porte un nom : « le Cyrénaïsme » du nom de son fondateur. Cyrène porte maintenant le nom de Bengazi ; c'est l'une des principales villes de Lybie.

Cette philosophie porte aussi le nom d'hédonisme, souvent confondu, par le commun des mortels, avec l'Épicurisme, ce qui est très inexact.

L'Épicurisme a fait l'objet de maintes discussions. Pour beaucoup, le poète Ronsard au XVIe siècle en est une bonne illustration ; « Cueillez dès aujourd'hui les roses de la vie... ». En réalité, cette attitude n'est pas **épicurienne**. Elle est au contraire **hédoniste**. L'hédoniste recherche pendant toute son existence la satisfaction de ses désirs, l'épanouissement de tous ses plaisirs. Il ne veut rien d'autre que la jouissance la plus complète et la plus totale. Certains esprits compliqués ont même cherché à perfectionner cette théorie pour apprécier plus intensément les plaisirs de la vie. Ils se livrent à une véritable « arithmétique des plaisirs ». Ils cherchent où se trouve la plus grande quantité de plaisir. Ils préfèrent attendre deux jours pour profiter au maximum d'un plaisir, plutôt que de jouir immédiatement d'un agrément et rester sur leur envie.

C'est Jeremy Bentham (1748-1832) qui, à l'origine, a conçu cette « déontologie des plaisirs » tirant ainsi meilleur parti de l'existence. En revanche, la course effrénée au plaisir conduit l'homme à une profonde amertume. Presque tous les philosophes ont montré que le bonheur ne coïncidait pas « avec l'essor de toutes les passions », selon le mot de Charles Fourier (1772-1838).

Il y a nécessité pour l'homme de faire souvent le point pour savoir où il en est. Celui qui se contente des plaisirs de la chair, des plaisirs de l'ambition, de la vanité, du jeu du lit ou de la table ne pourra plus vivre pleinement heureux le reste de son âge. Parce qu'il va progressivement se dégoûter de lui-même, se sentir mal dans sa peau et renoncer à ce qu'il considérera alors comme une vie de turpitude, comme l'abomination de la désolation. « Mieux vaut être Socrate mécontent qu'un pourceau satisfait », dira J.-J. Mill fondateur de l'école « utilitaire », chef de file des moralistes de l'« intérêt ».

le bonheur, le bonheur? le bonheur!!
peut-être...
le bonheur, c'est d'être libre...
... c'est être riche, très riche
le bonheur
l'argent ne fait pas le bonheur
Quel Bonheur!
le bonheur n'est pas le plaisir.
QUEL ÉPICURISME
ça c'est un sacré plat de bonheur!
Hédoniste!
le bonheur n'est-il que du plaisir
J'AI UNE IDÉE...

Mais Épicure dans tout cela ? Qu'en pensait-il ? Épicure (341-270 avant J.-C.), disciple de Démocrite et fondateur de l'École épicurienne, se méfiait beaucoup de ce faux bonheur ramené au plaisir. Les disciples venus s'inscrire dans le mouvement général de cette école de pensée n'ont pas été très nombreux. Lucrèce (99-55 avant J.-C.) auteur de *« De la nature des choses »*, Montaigne, en partie, Rabelais, Ronsard, Gassendi (1592-1655) n'en sont que quelques exemples.

Le plaisir ne peut être tenu comme une fin en soi. Pour Épicure, toutes les actions humaines se ramènent nécessairement à trois catégories. Il existe d'abord :

1. Des plaisirs naturels et nécessaires comme de manger raisonnablement quand on a faim et de boire légèrement quand on a soif. Il y a peu à dire sur ces sortes de plaisirs.

2. Puis nous pouvons nous adonner à des plaisirs naturels mais non nécessaires. Ainsi l'amour et les plaisirs charnels. Il faut tout faire pour s'y soustraire, pour les éviter. La sagesse consiste, en effet, à ne pas se livrer à autrui, à garder le monopole de ses propres pensées.

3. La troisième catégorie regroupe les plaisirs ni naturels, ni nécessaires. Ce sont les grandes passions : l'alcool, la luxure, les perversions... etc. On voit qu'il y a loin du portrait de l'épicurien type, qui par un long cheminement (on dit en philosophie, une « ascèse ») va parvenir à un état de grâce (dans l'antiquité, l'ataraxie) *proche du Nirvânâ des Bouddhistes à l'image fausse mais habituelle de ce bon vivant épicurien, de ce joyeux drille, de cet heureux mortel qui en fait n'est qu'***hédoniste.**

Existe-t-il encore, de par le monde, de vrais épicuriens ? Je ne le crois pas vraiment. Cette position semble dépassée, bien qu'elle ait longtemps eu un rôle historique éminent.

Par opposition classique aux Épicuriens, nous trouvons les Stoïciens. Autant pour Épicure, tout est simple et clair : il n'y a qu'un fondateur du sytème, répertorié, cela ne pose pas de problème ; autant pour les Stoïciens, nous nous trouvons en

... et je serai empli de bonheur
OH! bonheur
J'AI PEUR!!
A BONHEUR, BONHEUR ET DEMI.
ÇA LE BONHEUR! moi, la joie simple vous savez ce que j'en pense...
MAIS c'est tellement séraphique!
Y-a d'la joie
NON!

présence d'un mouvement qui a duré près de mille ans, avec d'innombrables chefs de file, sans que l'on puisse dire exactement quel est le fondateur de cette école. Pourquoi parle-t-on de **« stoïciens »** ? Parce que l'école se trouvait devant un portique (stoa) : on parle souvent de « l'école du Portique » ou même du « PORTIQUE ».

La pensée stoïcienne comporte au moins trois grandes vagues.

— Première vague : du IVe au IIe siècle avant J.-C. Trois philosophes se succèdent : Zénon de Cittium (336-264 avant J.-C.), Cléanthe (IIIe siècle avant J.-C.) et Chrysippe, cofondateur de l'ancien Stoïcisme. Le plus génial des trois était incontestablement Chrysippe selon les témoignages que nous en laissent ses contemporains. Il n'a pas écrit moins de 700 ouvrages. Rassurez-vous : aucun n'est parvenu à passer les épreuves du temps dans sont intégrité. Car tout a brûlé. L'ancien stoïcisme a été le mouvement le plus riche de toute la Grèce antique.

— Une seconde vague, parfois appelée « moyen stoïcisme » se situe au Ier siècle avant J.-C. Il s'agit des contemporains de Cicéron : Posidonius, Panétius, etc.

Mais, malgré leur désir de s'inscrire dans le sens de l'histoire, ils ne réussirent pas à développer le mouvement.

— Une troisième vague : les stoïciens les plus connus sont les plus récents. C'est le « nouveau stoïcisme ». Parmi eux, il y a des Romains, comme Sénèque (60 avant J.-C., 39 après J.-C.) ou Marc Aurèle qui, par pur snobisme (cela existait déjà à l'époque), n'écrivait qu'en grec. Le nouveau stoïcisme regroupait aussi des Grecs, comme Plutarque (47-120) et Épictète (1er siècle ap. J.-C.) qui a écrit les deux plus célèbres ouvrages stoïciens ; ses *Entretiens,* dialogues assez libres et un *Manuel* contenant toute une série de règles de vie pour parvenir au bonheur sur cette terre. Le bonheur consiste, pour les stoïciens, à distinguer les choses qui ne dépendent pas de nous et celles qui en dépendent. Partout où l'on ne peut que s'incliner devant le destin, chaque fois que l'on ne peut rien faire, il faut se contenter de subir : *Sustine et abstine* (« supporte et abstiens-toi »).

Le stoïcien
BAH ! ça porte bonheur
Hé ! attention
BOF...
CRASH !
POUR MOI
EPARGNE 8%
une de perdue dix de retrouvées
vous êtes ruiné !!!
ce n'est pas grave, je n'ai jamais aimé l'argent.
!!
ATTENTION ! EN DESSOUS
QUOI ?
on vit une époque FORMIDABLE !
NON ?

Vous manquez d'argent ? Ne vivez pas au-dessus de vos moyens. Votre femme vous trompe ? C'est une épreuve qui va vous aguerrir, vous mûrir. Vous êtes grièvement blessé ? On doit vous couper un bras ? Réjouissez-vous ! Il vous reste encore trois membres. Vous souffrez ? De deux choses l'une, la douleur est vive : alors elle sera courte. Si elle subsiste, elle ne peut être forte, elle ne sera que sourde. Dans toutes les circonstances de la vie, il faut savoir se résigner, s'incliner, supporter. Cette résignation, qui n'est pas chrétienne, est le secret du bonheur chez les stoïciens.

Toutefois, si les choses dépendent de nous, alors notre attitude doit être tout autre. Il faut faire le maximum, l'impossible pour obtenir ce que l'on veut. Tout mettre en œuvre pour atteindre son but. Il faut vraiment vouloir être heureux. S'assigner un idéal et tout faire pour y parvenir. Notre volonté est infinie, notre liberté totale. Mais attention. La vraie liberté stoïcienne n'est pas dans la fantaisie anarchique. Sénèque dit : *Parere deo est libertas* (obéir à Dieu, c'est la liberté).

Notre véritable but, c'est d'obéir à notre « destinée », d'assumer notre existence comme elle nous est donnée en en tirant le meilleur parti possible. Les stoïciens ont une assez belle image pour exprimer cela : ils disent qu'il faut « sculpter sa propre statue ». On peut dire sans exagérer que tous les philosophes qui ont suivi à la fois l'école Épicurienne et l'école Stoïcienne n'ont finalement fait que perfectionner ces deux grandes conceptions du bonheur.

L'opposition des deux écoles, les Épicuriens et les Stoïciens, se maintient depuis 2 500 ans : les Épicuriens se réclament de Démocrite, l'ancêtre du matérialisme, tandis que les Stoïciens s'inspirent d'Héraclite, le philosophe de la destinée. L'opposition se retrouve de nouveau avec Rabelais et Montaigne, Pierre Charron et Guillaume du Vair, Descartes et Gassendi, Voltaire et Rousseau. Au XIXe siècle, Lamartine s'inscrit plutôt dans une tradition hédoniste et vaguement épicurienne (« hâtons-nous, jouissons ! ») tandis que le Vigny de « la Mort du loup » s'enorgueillit de son

L'hédoniste
il faut que je me dépêche Marie va arriver.
Bon maintenant il faut que je te fouette
SNAP SNAP
bon j'ai perdu du temps à déguster ce whisky hors-d'âge ça m'a donné un petit creux tout ça...
SNIF SCRONCH !!!
MIAM
HUM !
POP
CRATCH
GLOP GLOP
bon, allez, je vous laisse j'ai encore quelques bars à faire, une fille à voir dans le 15ème, un dîner et...

stoïcisme très strict. On retrouve dans la langue commune cette opposition des deux grandes conceptions du bonheur : « stoïque » rime avec « héroïque » — les Stoïciens ont une réputation au-dessus de toutes les autres écoles philosophiques. En revanche, on croit que les « épicuriens » ne sont que des jouisseurs, des bons vivants, des « viveurs », de joyeux drilles. Rien n'est plus inexact. Épicure ou Lucrèce ont eu une morale très rigide, aussi rigoriste que celle des Stoïciens. Un restaurant vient tout récemment de se créer à Paris (1977) à l'enseigne de « l'Épicurien ». Toujours ce même contresens sur le mot « épicurien » qui n'en finit pas depuis des siècles.

Il reste que les Stoïciens ont toujours soutenu que le sage était libre de se donner la mort s'il le jugeait utile. C'est ainsi que tous les philosophes, tous les écrivains qui sont parvenus à ce stade ont chacun, à leur manière, choisi une « fin stoïque ». Ce mot est d'ailleurs passé dans la langue courante ; avec l'épithète « platonique », c'est l'un des rares termes à avoir droit à la minuscule au lieu de la majuscule, à être devenu un mot commun.

« Comme la fraise a le goût de fraise, la vie a le goût de Bonheur » disait le philosophe Alain, auteur des célèbres *« Propos sur le Bonheur ».* Qu'est-ce à dire ? Sinon que tous les hommes sans aucune exception partent à la recherche de leur bonheur propre et tentent de faire de leur vie une entreprise plutôt réussie. Si l'on est heureux, c'est que ça a marché ; si l'on est malheureux, c'est qu'on a raté sa vie. Cette manière de voir n'est pas seulement philosophique, elle s'applique à l'homme de la rue comme à Bergson, à l'employé de la R.A.T.P. comme à Einstein. Tout le monde cherche le bonheur, mais très peu parviennent à l'obtenir — souvent parce qu'ils ne veulent pas en payer le juste prix — parfois parce qu'ils sont mal armés pour le conquérir.

« Le coureur a du bonheur à courir — disait encore Alain — et le sauteur à sauter ; mais le spectateur n'a que du plaisir. » Tiens ! Mais quelle est donc encore cette chinoiserie ? Plaisir et bonheur ne sont-ils pas confondus ? Quelle différence doit-on établir entre les deux ? N'est-ce pas strictement la même chose ? Eh bien non ! Les philosophes ont sur ce point des idées très arrêtées.

Le plaisir ? C'est d'abord et avant tout quelque chose de physique, de charnel, de matériel, de sensuel ; on parle du « plaisir

y·a d'la joie
Pom pom Pom
NON!
y·a d'la joi..... ....e?!
NON, LA JOIE N'EST PAS LE BONHEUR
vous êtes fou mon vieux
pas si fou avez vous trouvé le bonheur?
il m'a tué ce type quelle déprime
Y'A D'LA JOIE
mon bonheur c'est le crime
ça vous passera
BONG
VOUS CROYEZ!
stoïcien va...
le Bonheur c'est tout ou rien
BOF!
pour moi...
et vous?

des sens ». On éprouve un plaisir très vif à caresser le dos d'un animal par exemple, ou plus vif encore à se sentir soi-même cajolé, dorloté, comme un très jeune enfant.

Mais on peut aussi éprouver des plaisirs très vifs au niveau de la gastronomie : « un tournedos Rossini » va plaire à nos papilles gustatives et nous éprouverons un certain plaisir ; mais cela ne nous fera pas toucher de près le bonheur.

Le plaisir est très partiel, très fragmentaire : il peut naître de la contemplation d'un coucher de soleil sur l'Adriatique quand bien même nous éprouverions dans le même temps une vive douleur provoquée par une piqûre de guêpe à la jambe gauche. Mais on ne peut en aucun cas, être en même temps heureux et malheureux. Le bonheur est un tout indivisible, c'est une « totalité mentale ». On peut dire que c'est une plénitude d'être, c'est-à-dire un sentiment qui jaillit de notre esprit lui-même en nous plongeant dans une humeur qui sera nécessairement euphorique et non pas dans un état de malaise.

Toutefois, si le bonheur consiste à **être bien** dans sa peau il ne se confond pas avec le **bien-être**. Ce que l'on appelle « bien-être » en philosophie, c'est le confort matériel. Ce sont les avantages techniques. Le confort, c'est la possession des appareils électroménagers qui simplifient la vie. Le Tahitien de Bora-Bora n'avait peut-être pas besoin de tout un tas d'appareils électriques (y-a-t-il seulement l'électricité dans son village ?) pour être heureux ?

Mais il va avoir envie, par amour-propre, par vanité, pour se poser par rapport à ses voisins, d'acquérir les signes extérieurs du confort moderne pour ne pas donner l'impression qu'il est démuni. Et pourtant, ses conditions climatiques et sa vie « naturelle » sont enviées par beaucoup de nos contemporains...

Et la joie ? Ah ! La joie... La joie est au bonheur ce que la psychologie est à la morale : c'est l'expression d'une satisfaction pleine et entière, complète, totale. Etre joyeux, être heureux est-ce la même chose ? En gros, oui. On peut dire, par

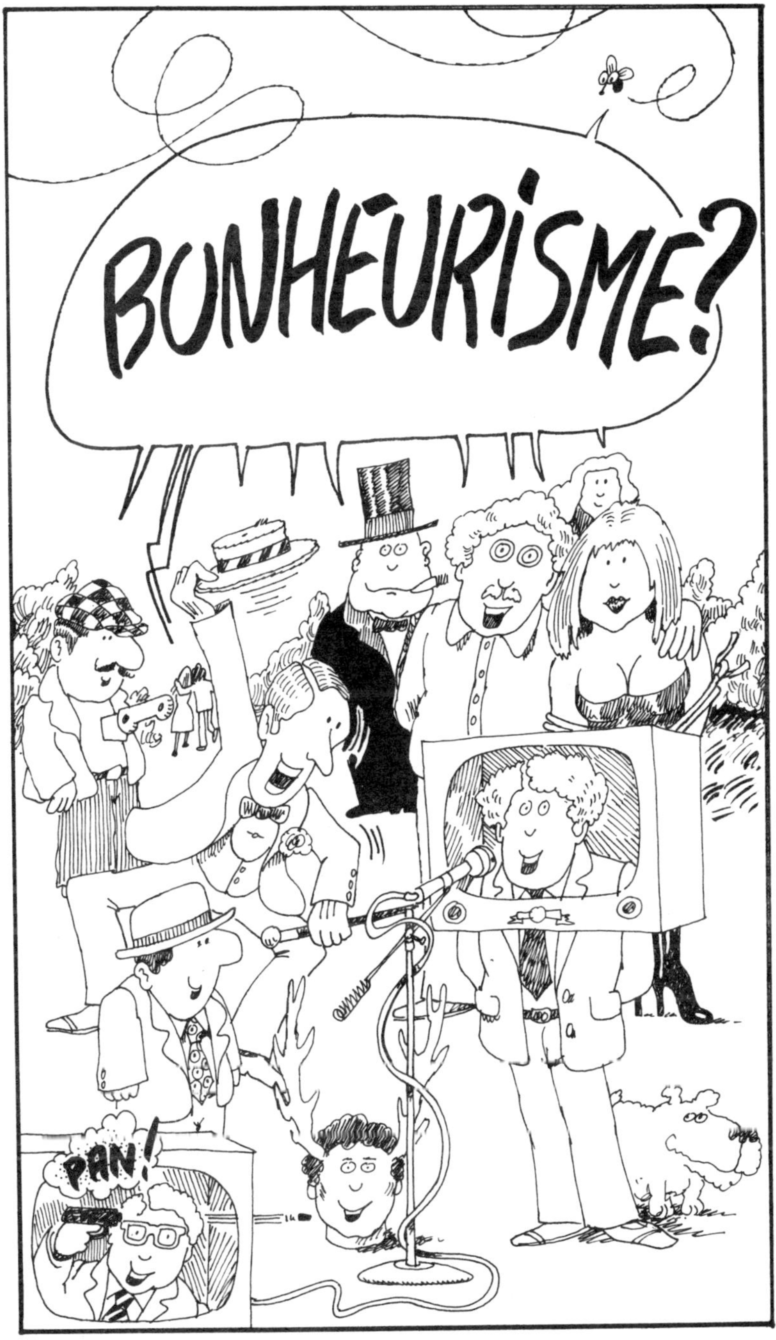
BONHEURISME?
PAN!

exemple, que la joie est un bonheur physique ou que le bonheur physique est une joie morale. Le bonheur, ce serait donc l'adaptation de la joie à la vie morale, à l'action, à la vie tout court. Le mot sera donc plus ou moins employé. Quand Maurice Chevalier chante « Y-a d'la joie», il ne s'agit pas ici du bonheur au sens le plus élevé du terme. On parle des « 15 joies du mariage », d'une « fille de joie » mais aussi de la *IX*e *Symphonie* de Beethoven qui comporte un *Hymne à la Joie* dû à Schiller. La joie a un côté enfantin, puéril ; elle se confond alors trop souvent avec la gaieté.

André Gide parlant de Chopin (dont telle pièce a pu s'appeler : *Tristesse)* dira : « Une joie qui n'a rien de la gaieté sommaire et un peu vulgaire de Schumann (Pense-t-il au *« Gai laboureur » ?)* mais une joie pure, mystique, séraphique : c'est la plus pure des musiques. »

Le bonheur ne se confond pas avec la joie parce qu'il engage beaucoup plus l'homme dans son action. Etre heureux, c'est éclater de contentement et surtout éprouver une « bonne conscience » qui exclut toute espèce de sentiment de culpabilité. L'homme heureux est un homme tranquille. Sa quiétude est parfaite. Il a la satisfaction du devoir accompli. Il est content de lui, de ses actions, de ses décisions, content de ses rapports avec autrui, de ses bienfaits. Il a bien agi, il a bien travaillé, il s'est bien comporté : il est heureux.

Revenons à l'exemple d'Alain : le sauteur a du « bonheur » à sauter. A condition qu'il ait battu un record, qu'il ait bien sauté, qu'il se soit surpassé, qu'il ait tiré de lui le maximum, qu'il soit **satisfait**. Le sportif qui répond à la radio : « Oui, je suis bien content mais j'espère faire mieux la prochaine fois » symbolise la prise de conscience du bonheur qui n'est jamais l'attitude du demeuré, de l'idiot du village ravi en permanence et qui ne cherche pas à mieux faire. L'homme heureux ne l'est jamais en continuité ; il ne va l'être que par intermittence et savourer ainsi ses « instants » de bonheur. Or, ces instants sont rares et difficilement accessibles.

LA LIBERTÉ

J'appelle libre une chose qui est et qui agit par la seule nécessité de sa nature.

Sommes-nous tous aliénés ?

Cultivant le paradoxe, Jean-Paul Sartre a écrit quelque part : « Jamais nous n'avons été aussi libres que sous l'occupation allemande. » Ce qu'il voulait dire, c'est que les Français n'avaient jamais eu aussi pleinement la possibilité de faire un choix entre la collaboration avec l'occupant, l'obéissance passive au Gouvernement de Vichy, une sorte de « servitude volontaire » et le refus de la tyrannie, l'entrée dans la Résistance, la volonté d'accomplir des actes à la fois dangereux mais aussi parfois héroïques.

> l'homme naît libre responsable et sans excuse.
> – SARTRE –

Qu'est-ce que la liberté ? Paul Valéry a dit que c'était « l'un de ces détestables mots qui chantent plus qu'ils ne parlent, qui ont plus de valeur que de sens... » Essayons tout de même de clarifier le sens de ce mot imprécis, équivoque et ambigu.

Pour le sens commun, c'est très simple : être libre, c'est pouvoir tout faire — ce qu'on veut, comme on veut, quand on veut.

Ce sens rejoint d'ailleurs ce que les physiciens désignent sous ce vocable : la pierre tombe en « chute libre ». Cela revient aussi à agir sans aucune contrainte, à refuser toutes les obligations. Le très jeune enfant illustre cette liberté de caprice ou tout est à la fois et possible, et permis. Gide et Dostoïevski ont décrit sous le nom « d'acte gratuit » cette liberté totale à laquelle avait aussi pensé Rabelais pour l'abbaye de Thélème dont la devise était « Fais ce que voudras ».

Le malheur, c'est qu'il n'existe pas de réalité humaine ni de société où l'on puisse vraiment faire tout ce que l'on veut : pour cela il faudrait vivre sur une île déserte comme Robinson avant qu'il n'ait découvert Vendredi. Car la liberté de Robinson aliène le pauvre Vendredi ; ou bien l'on peut dire que la liberté de Robinson s'arrête où commence celle de Vendredi. Agir tout à fait gratuitement est un leurre. Nous sommes déterminés par le désir d'agir gratuitement. Il y a toujours des motifs (des « raisons ») ou des mobiles (comme pour le crime : c'est-à-dire des pulsions affectives) qui « DÉTERMINENT » notre action.

Voilà le grand mot lâché. La liberté pure, ce serait l'indéterminisme : mais on se bat depuis deux mille cinq cents ans entre philosophes pour savoir s'il existe un « indéterminisme » total ou si ce n'est pas une invention de la philosophie et de la religion. Déjà les stoïciens penchaient pour le DESTIN, c'est-à-dire pour la détermination de nos actes tandis que les épicuriens affirmaient qu'une indétermination totale de la matière laissait l'homme libre de ses choix. Si nous essayons de placer le problème sur un terrain politique, économique et social, ce sera peut-être plus clair. On parlera de la liberté d'opinion, de religion, de conscience ; on autorisera ou on refusera à la collectivité de se réunir, de s'exprimer, de s'associer, de voter. Mais à supposer que l'on autorise toutes les libertés politiques (c'est la définition de la démocratie) il ne s'en suivrait pas nécessairement que l'homme social pourrait faire absolument ce qu'il

ROBINSON 2
ça ne peut plus durer!.
...tu portes atteinte à ma liberté.
OUF!! je suis libre!!!
je suis LIBRE!!
c'est le destin...

CAMPING INTERDIT
TAP TAP
NE PAS FRAPPER
PAS TOUCHER
INTERDIT de se PERCHER
INTERDIT de se LAVER.
ZUT! ça va me coûter combien?
4 NOIX DE COCO 2 MANGUES ET N'Y REVENEZ PAS
merci Mr l'agent
INTERDIT! D'INTERDIRE
NE PAS CASSER
NE PAS SECOUER
CRAC
NE PAS CRIER!
c'est pas donné!
c'est que...
ah, oui?
PAUMÉ!
TRAVAILLE
BIEN SÛR!
4,95
7,12
7,20

voudrait : il existe des contraintes matérielles, sociales, politiques qui le limitent en tous sens. Bien que toutes les listes électorales se réfèrent au mot de « liberté », l'exercice du pouvoir oblige l'individu soi-disant libre, à accepter les contraintes qu'il refusait au départ, à assumer des contradictions, des compromissions qu'il avait promis de rejeter. Jean-Jacques Rousseau, l'un des meilleurs philosophes politiques de tous les temps en arrive à cette conclusion que « l'obéissance à la loi qu'on s'est prescrite est liberté ».

Autrement dit, la liberté consisterait non pas à refuser d'obéir, à nier les contraintes, à repousser les déterminations, mais à les assumer pleinement en tentant de réfléchir avant d'agir, de juger le plus lucidement possible, le plus rationnellement possible pour ne pas tomber dans des excès de tous ordres. Ce n'est pas l'anarchie qui apparaîtrait donc comme le domaine de la véritable liberté, mais l'ordre qui impose au sage une liberté bien tempérée. Ne confondons pas « libertaire » et « esprit libre ».

Dans le domaine économique, c'est pire encore : la Révolution française avait tenté de supprimer toutes les contraintes (notamment les Jurandes et les Corporations) par la loi Le Chapelier de 1791 : « Laissez faire, Laissez passer. » Cette philosophie de la liberté, on l'a souvent appelée le « libéralisme ». Or, il s'est avéré très vite que cette prétendue liberté des prix, des échanges, du travail, n'aboutissait qu'à rendre les denrées de première nécessité inabordables par les gens pauvres, qu'à faire enrichir davantage encore les richissimes (ceux qu'on a appelé plus tard, les capitalistes) et à créer et développer un immense « prolétariat » de plus en plus exploité par les classes dominantes. D'où le mot de Lacordaire : « Entre le riche et le pauvre, c'est la liberté qui opprime et c'est la loi qui libère. »

ET POURTANT ELLE TOURNE

Faut-il placer la discussion sur un plan plus psychologique ? Nous avons tous le sentiment de notre liberté. Cette conscience que nous avons d'être libre, suffit-elle à nous donner la certitude que nous sommes libres ? Réfléchissons bien : pendant des siècles, nous avons eu le sentiment (nous en avons encore la conscience physique) d'être sur une planète fixe (la terre ne bouge pas).

Mais doit-on en conclure pour autant que la terre est un point fixe autour de laquelle le soleil tournerait ? conception de Ptolémée qui a été défendue pendant plus de mille ans par l'Église mais dont Copernic et Galilée ont fait définitivement justice. On a beau avoir le sentiment que la terre ne bouge pas « et pourtant elle tourne » disait Galilée. On a le sentiment d'être libres, et pourtant on est déterminés. Par quoi ? Pour un certain nombre de bons esprits, il y aurait d'abord, un déterminisme quasi religieux.

Bossuet dans son *Discours sur l'Histoire universelle,* soutient que tout est déterminé d'avance par la divine providence, que Dieu est omniscient, omnipotent, omniprévoyant, qu'il a tout prévu. Rien ne peut donc se passer sans avoir été préalablement conçu, imaginé, réglé dans l'intelligence divine. A cela, bien entendu, nombre de philosphes athées ont opposé la fragilité du postulat de l'existence de Dieu. Et si Dieu n'existait pas ? Réponse : « Alors tout deviendrait possible ! »

N'oublions pas le fatalisme mahométan qui procède de cette même hypothèse. « C'est écrit », « Mektoub »... on ne peut rien y faire. Notre liberté serait donc à ce moment-là réduite à une illusion psychologique ; c'est presque une hallucination. On croit qu'on est libre, on ne l'est pas du tout en réalité.

Une autre objection nous vient ici des esprits scientifiques : il n'y a pas que Dieu qui puisse déterminer d'avance toutes les actions humaines. Il y a surtout la science.

Le mathématicien Poincaré disait : « la science est déterministe ou n'est pas » et son prédécesseur Laplace soutenait que, pour une intelligence assez vaste pour embrasser toutes les conditions d'un problème, il n'y aurait plus de hasard ou de liberté car on saurait d'avance les conséquences à partir des causes. On exprime cela souvent en disant : « Les mêmes causes produisent les mêmes effets. » (ou les mêmes FAITS).

ET POURTANT ELLE TOURNE !!

ne coupez pas! ne coupez pas! je vais me casser la figure!!!

Dans un monde matériellement et scientifiquement bien organisé, bien déterminé, il n'y a plus aucune place pour la liberté. La réponse à cette objection nous vient des partisans des sciences de l'homme. Ce que disent les savants est vrai de la matière, de la machine, des techniques qui ne font pas appel à l'intervention humaine. Encore que la micro-physique contemporaine ait à plusieurs reprises réintroduit (notamment avec Louis de Broglie) au niveau subatomique, la notion de liberté. Mais même en laissant de côté le domaine de la matière, la condition humaine repose sur la liberté. Jean-Paul Sartre a affirmé avec force : « L'homme naît libre, responsable et sans excuse. »

Il rejoint sur ce point les plus célèbres doctrines philosophiques : Descartes affirmait que si l'entendement humain est limité, notre volonté, elle, est infinie par cela seul que nous sommes libres. Il utilisait d'ailleurs un beau mot pour caractériser notre libre-arbitre : c'est la générosité. Tous ses disciples, Malebranche, Spinoza, Leibniz se sont eux aussi voulus des philosophes de la liberté.

Kant fait reposer toute sa morale sur la notion même de liberté car le devoir, l'impératif catégorique, notre obligation de choisir toujours selon lui, des actes non pas seulement « conformes au devoir » mais accomplis « par pur respect pour la loi morale « repose sur l'autonomie de la volonté : TU DOIS, DONC TU PEUX. La liberté est le garant du devoir, sans la liberté l'action humaine n'aurait plus de sens.

Ici interviennent à la fois les biologistes et les psychologues. Si l'on cherche à analyser les causes de nos actes, on trouvera toujours des racines génétiques, physiologiques pour justifier par des précédents ataviques, ou des antécédents cervicaux, qu'on ait agi de telle ou telle manière. Les tribunaux ne retiennent pas contre un criminel dément, la même responsabilité que pour un esprit sain et réfléchi qui a prémédité son acte. « C'était plus fort que moi : c'est parti tout seul. » Le crime passionnel a longtemps été tenu pour excusable par des juges débonnaires.

Mais les psychologues font intervenir tout un arsenal de déterminations conscientes subconscientes ou inconscientes. Si l'on cherche vraiment à expliquer un acte, on trouvera toujours des déterminations qui nous ont poussé à l'accomplir.

VIVE LA LIBERTÉ !
TAP TAP
SHLAF!
SHGOIIING!
AH! le piège
NON!
CLIC CLIC
CLIC

LIBRE!
PAS ENCORE J'AI TOUT VU SUIVEZ MOI
PLUS TARD...
Monsieur le procureur si j'ai fait ça c'est par PASSION pour la liberté
... BEAUCOUP PLUS TARD
NON COUPABLE!
vous êtes libre.
IL EST LIBRE
MR. REDOUR A SA SORTIE DU PALAIS DE JUSTICE DE
L'HOMME
regardez chéri c'est l'homme libre, celui dont on parle partout.
Hé! oui c'est moi.

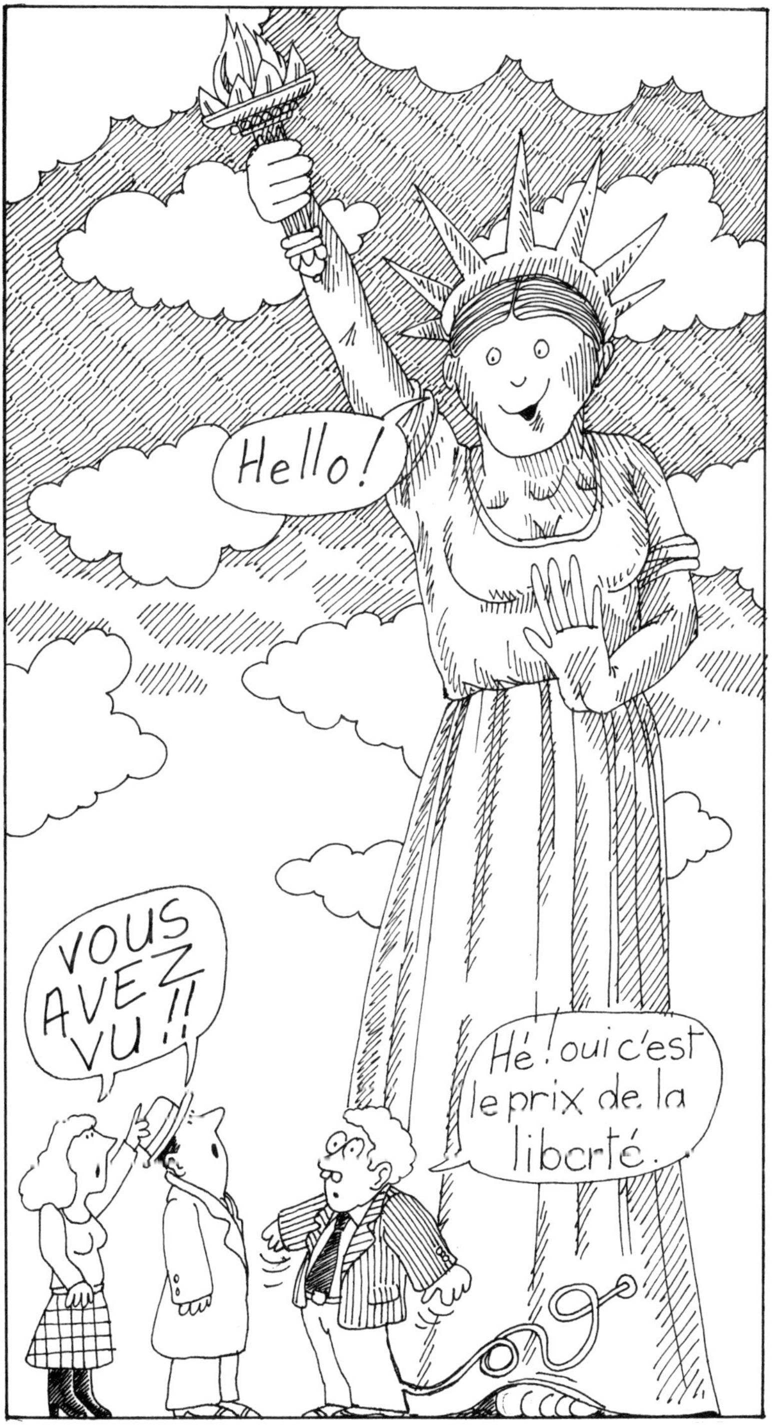
Hello!
VOUS AVEZ VU !!
Hé! oui c'est le prix de la liberté.

L'ACTE LIBRE

Nous pensons très sincèrement, quelles que soient les objections qu'on ait pu faire à l'idée de liberté, que l'homme accomplit souvent dans sa vie des actions totalement libres : ce sont les grands choix, les grandes options de l'existence. Dans sa vie sentimentale, dans sa carrière, parfois même dans ses options religieuses, l'homme atteint au niveau de la liberté conçue comme le pouvoir de choisir entre plusieurs voies éventuelles sans jamais être totalement déterminé par aucun des motifs particuliers qui le poussent à agir.

C'est dire que la liberté ne se confond pas du tout avec le pouvoir de faire n'importe quoi, n'importe comment et n'importe où, mais qu'elle correspond au contraire à un maximum de densité de notre être, au pouvoir d'agir avec la plus grande concentration, la plus haute sagesse et une volonté d'acier.

Pierre Brossolette ou Jean Moulin ont agi avec liberté ; Socrate avait agi avec liberté ; Jésus-Christ était un esprit libre. Ce sont autant de « consciences qui comptent » comme disait Rauh. Les héros, les génies et les saints ont été au moins une fois dans leur vie des hommes vraiment libres. Mais la liberté n'est pas facile. Quand la liberté devient facile, alors rien ne tient plus. » (Pierre Bost.)

Disons que la suprême liberté consiste à s'affranchir, non seulement des contraintes les plus extérieures, à ne pas tenir compte des « contingences matérielles » mais à assumer les déterminations les plus exigeantes pour atteindre le niveau où l'homme se dépasse lui-même. Gabriel Marcel disait : « Un acte est libre dans la mesure où je me reconnais en lui. » Le meilleur critère de la liberté, c'est en effet la conformité avec notre vie antérieure.

Si l'action accomplie est conforme à notre personnalité profonde, à tout ce que nous avons fait de meilleur depuis notre naissance, alors et dans ce cas, on peut dire que l'on a agi librement et, selon le mot de Platon repris par Bergson, « avec l'âme tout entière ». Si, au contraire, nous ne nous reconnaissons pas pleinement dans notre acte, c'est peut-être que nous n'avons pas agi aussi librement que nous l'avions cru au départ. C'est ainsi qu'il faut comprendre le mot un peu difficile de Spinoza (mais la liberté est difficile !) : « J'appelle libre une chose qui est et qui agit par la seule nécessité de sa nature. »

LES PASSIONS DE L'AMOUR

"Il en est du véritable amour comme de l'apparition des esprits"
La Rochefoucauld

L'Amour excuse-t-il tout ?
Sommes-nous maîtres de nos passions ?

« Il en est du véritable amour comme de l'apparition des esprits : tout le monde en parle, mais bien peu de gens en ont vu. » Cette vision pessimiste est celle du grand moraliste La Rochefoucauld : c'est en ces termes qu'il posait le problème de l'amour-passion par opposition, sans doute, aux formes si nombreuses que peut prendre l'amour. Le grand Amour avec un grand A est en effet rarissime.

Mais, au fait, qu'est-ce que l'Amour ?

Tout le monde sait ce qu'est l'amour. Il n'est pas nécessaire de consulter de gros traités savants pour savoir que l'amour c'est, d'abord et avant tout, la relation sentimentale qui unit les êtres entre eux. Mais ce sens général que nous accordons au mot amour n'est pas exactement le même que celui qu'ont donné les philosophes. L'amour philosophique ne se limite pas à l'attirance que peuvent éprouver deux êtres humains l'un envers l'autre. C'est une notion à la fois plus abstraite et plus vaste : il s'agit de l'amour comme compréhension, intuition, sympathie envers les êtres et les choses.

Platon, dans Le Banquet, distinguait déjà divers degrés, différents niveaux à de l'amour selon qu'il se rapporte à un être charnel, à une idée, à une valeur morale ou bien à la recherche de la vérité, à la découverte de l'essence des êtres et du monde.

Ainsi, l'amour platonique ce n'est pas du tout ce que l'on croit ! N'allez pas vous imaginer que Platon voulait nous offrir en modèle deux amoureux transis qui, la main dans la main et les yeux dans les yeux, vivent comme deux purs esprits et sans autres attouchements que de chastes baisers sur le front. Non. Pour Platon, l'amour n'est pas nécessairement synonyme de chasteté. Le problème c'est que Platon voit dans l'amour une sublimation de l'être, une quête de l'absolu, une recherche de l'idéal. Il ne s'agit pas d'aimer une femme en particulier, mais de découvrir à travers elle l'essence même de la femme, toutes les femmes à la fois, sublimées, mythifiées...

L'amour est peut-être, en effet, le meilleur mode de connaissance des êtres, de la nature, de la réalité. Comme le pensait Pascal, au-dessus des sens et de l'entendement, il est une force supérieure à la raison, c'est l'amour pris comme intuition, comme compréhension du monde et d'autrui.

L'amour fait l'objet, dans la philosophie classique, d'une distinction capitale : les scolastiques isolaient l'**amour de concupiscence** « qui fait désirer la chose qu'on aime » et qui consiste aussi à vouloir s'approprier autrui, à s'attacher l'autre par tous les moyens et l'**amour de bienveillance** « qui incite à vouloir du bien à ce qu'on aime » comme dit Descartes dans son *Traité des Passions*.

Les psychologues ont apporté plus de nuances encore aux différentes formes que peut prendre l'amour : cet amour de concupiscence se retrouve chez les psychanalystes sous le vocable d'amour CAPTATIF. Il consiste, en effet, à s'approprier le moi d'autrui, à le saisir, à le prendre *(capere* veut dire, en latin, « prendre ») et à ne considérer égoïstement que son seul désir, son seul plaisir sans tenir du tout compte des vœux, des goûts, des centres d'intérêt d'autrui. Bien entendu, l'amour captatif est de très loin le plus répandu : il explique une grande partie de la frigidité féminine ou de l'impuissance masculine (selon que l'on se place au point de vue de l'homme qui cherche son plaisir avant tout ou de la femme « captative » voire castratrice, qui va prendre l'initiative elle-même), un nombre considérable de divorces entre époux ou de ruptures entre amants. Il explique et justifie même de nombreuses perversions ou déviations comme l'homosexualité qui naîtra le plus souvent à la suite d'expériences malheureuses ou d'échecs sexuels.

L'AMOUR OBLATIF

A cet amour s'oppose terme à terme l'amour oblatif : aimer d'un amour oblatif, c'est se sacrifier au plaisir physique d'autrui, à son bonheur moral, à la satisfaction de ses désirs, bref, s'identifier dans une fusion affective où l'on perdra volontairement sa propre personnalité, son moi profond par subordination à l'être d'autrui.

Mais il n'y a pas que la sexualité qui puisse justifier l'amour oblatif. Cet amour de sacrifice et de renoncement, c'est aussi l'oubli et le don de soi au profit de ses idées, de sa religion, de son pays, de sa vocation, de son art. Le penseur, le mystique, le patriote, le chercheur scientifique, le poète ou le peintre peuvent éprouver un amour oblatif qui leur fera sacrifier tout au monde pour l'amour de l'humanité, de sa patrie ou de Dieu.

Enfin, une forme encore plus exceptionnelle de l'amour mais certainement la plus parfaite et la plus pure, c'est l'amour COMMUNION. On connaît la phrase célèbre de Saint-Exupéry : « Aimer ce n'est pas se regarder l'un l'autre, mais regarder ensemble dans la même direction. » Il est évident que les grands exemples traditionnels, Philémon et Beaucis, Daphnis et Chloé, Tristan et Yseult, Héloïse et Abelard, Roméo et Juliette, procèdent de cette folle passion qui les pousse irrésistiblement l'un vers

TOC
l'Amour...
...n'est pas nécessairement synonyme de chasteté
il fallait le dire tout de suite !!

l'autre et qui à partir d'un coup de foudre réciproque leur permet de vivre des moments privilégiés, où l'instant va être éternisé dans un arrachement total aux conditions matérielles ou ordinaires de l'existence terrestre.

Il s'agit d'une expérience unique que très peu d'être humains pourront réaliser : ce n'est pas une raison pour nier cette forme d'amour en prétextant qu'elle est rarissime, qu'on n'en rencontre qu'une fois par siècle. Elle existe : mais nous atteignons ici un amour quasi mystique.

En fait, la plupart des passions amoureuses se traduisent bel et bien par la « captation », c'est-à-dire par un amour possessif, égoïste, soit que l'homme l'emporte (ce qui est le plus fréquent et qui s'explique par le fait que nous vivions dans une civilisation plutôt phallocratique) soit que la femme l'emporte sur l'homme et le domine. Comme le remarque finement le philosophe Henri Birault, « l'homme donne ; la femme se donne — oui — mais elle se donne pour mieux prendre »...

Stendhal dans *« De l'amour »*, tente d'établir une distinction entre les degrés élémentaires de l'inclination (il oppose ainsi à

« l'amour physique », « l'amour-goût » et « l'amour-vanité ») et la véritable passion amoureuse, qu'il appelle « amour-passion » que l'on doit fortement opposer au simple flirt, au « marivaudage », au badinage léger dont se contentent la plupart des êtres humains.

Mais c'est le grand philosophe Emmanuel Kant qui a peut-être approuvé avec le plus de force cette opposition entre les sentiments superficiels, l'émotion (comme la peur, l'angoisse, la surprise, la colère, etc.) et la passion véritable : « l'émotion agit comme une eau qui rompt sa digue, la passion comme un torrent qui creuse son lit de plus en plus profondément... l'émotion est comme une ivresse qu'on cuve, la passion comme la maladie qui résulte d'un poison absorbé ».

En fait, l'émotion amoureuse, c'est le coup de foudre, c'est le point de départ de l'amour fou ; et c'est à partir de cette

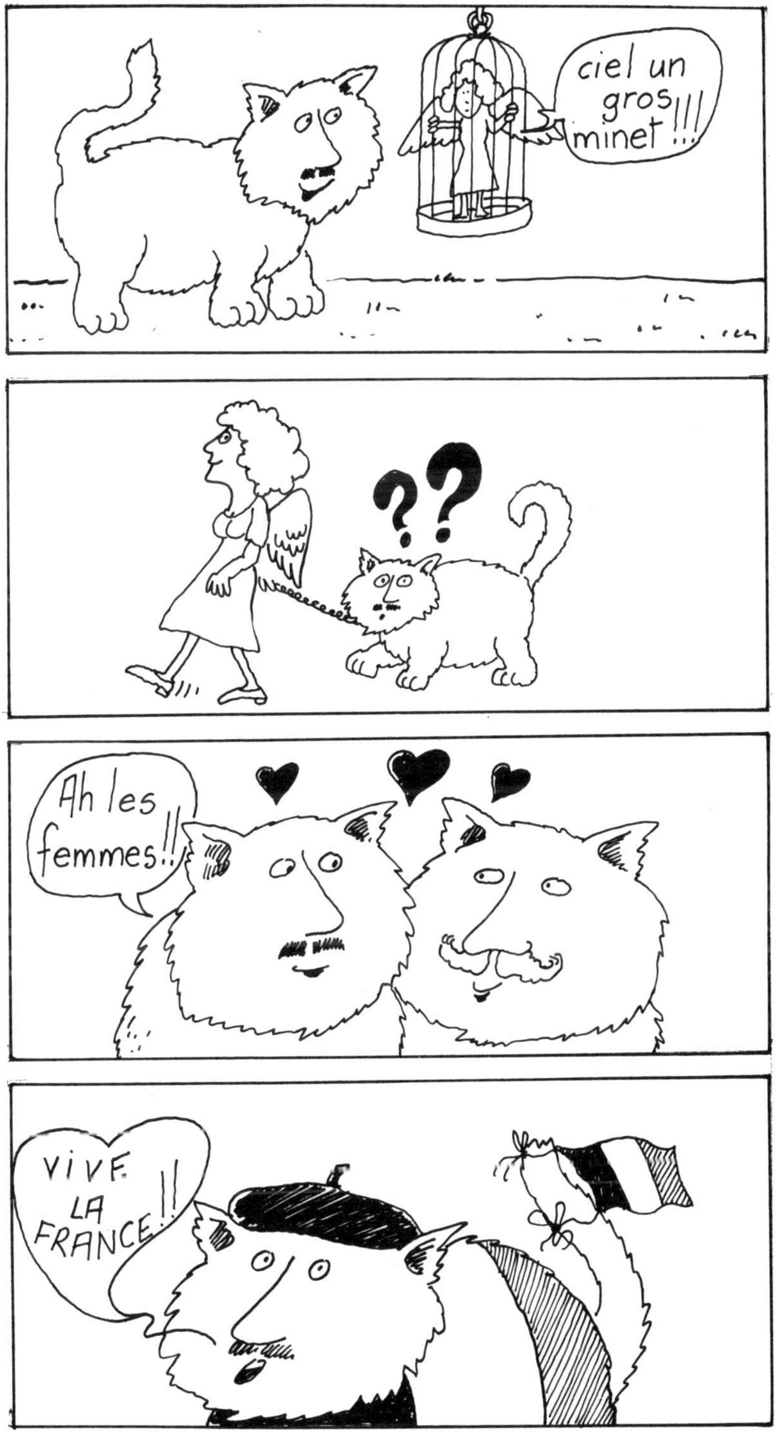
ciel un gros minet !!!
Ah les femmes !!
VIVE LA FRANCE !!

émotion que le passionné va se sentir entièrement pris, « possédé », dominé, voire aliéné par sa passion. Ce qu'il y a de sûr, c'est que l'amoureux passionné ne peut plus résister à sa « folle passion » qui est bel et bien comme une maladie de l'âme, qui arrache et entraîne tout sur son passage sans qu'on puisse rien faire pour endiguer ces eaux en crue.

Le problème qui se pose philosophiquement à l'amour, c'est de savoir si la passion peut vraiment tout excuser : peut-on pardonner les désordres, les extravagances auxquelles elle conduit ? Peut-on tolérer que le passionné puisse faire n'importe quoi par amour ?

Qu'il agisse en forcené qu'aucun raisonnement ne pourra retenir ? Mais aussi est-il vrai qu'il ne peut pas s'empêcher de mal agir, de mal faire, de blesser ou de tuer, précisément par passion, par amour ? Est-il exact de dire que « nous ne sommes pas maîtres de nos passions » ?

Bien entendu, l'amour peut aussi être tiède et les gens passionnément épris les uns des autres peuvent également ne pas devenir fous : mais alors, il est bien vrai de dire que les peuples heureux n'ont pas d'histoire... et que l'amour ordinaire n'a pas de philosophie. Pour que l'amour pose des problèmes philosophiques, il faut qu'il atteigne une certaine dimension : on pourrait même dire qu'il lui faut dépasser un certain niveau pour atteindre la dimension de délire sans laquelle « l'amourette », la passade, la toquade, ne deviendront jamais l'Amour.

LES RAVAGES DE L'AMOUR

Avez-vous déjà éprouvé vous-mêmes l'impression de traverser une folle passion, de vous trouver amoureux fou ? C'est peut-être la plus forte exaltation que l'on puisse ressentir dans la vie. On perd son sang froid, on se laisse aller, on est complètement « hors de soi ». Prenons l'exemple du héros shakespearien Othello. S'il filait le parfait amour avec Desdemone et si elle le lui rendait bien, il n'y aurait pas de tragédie.

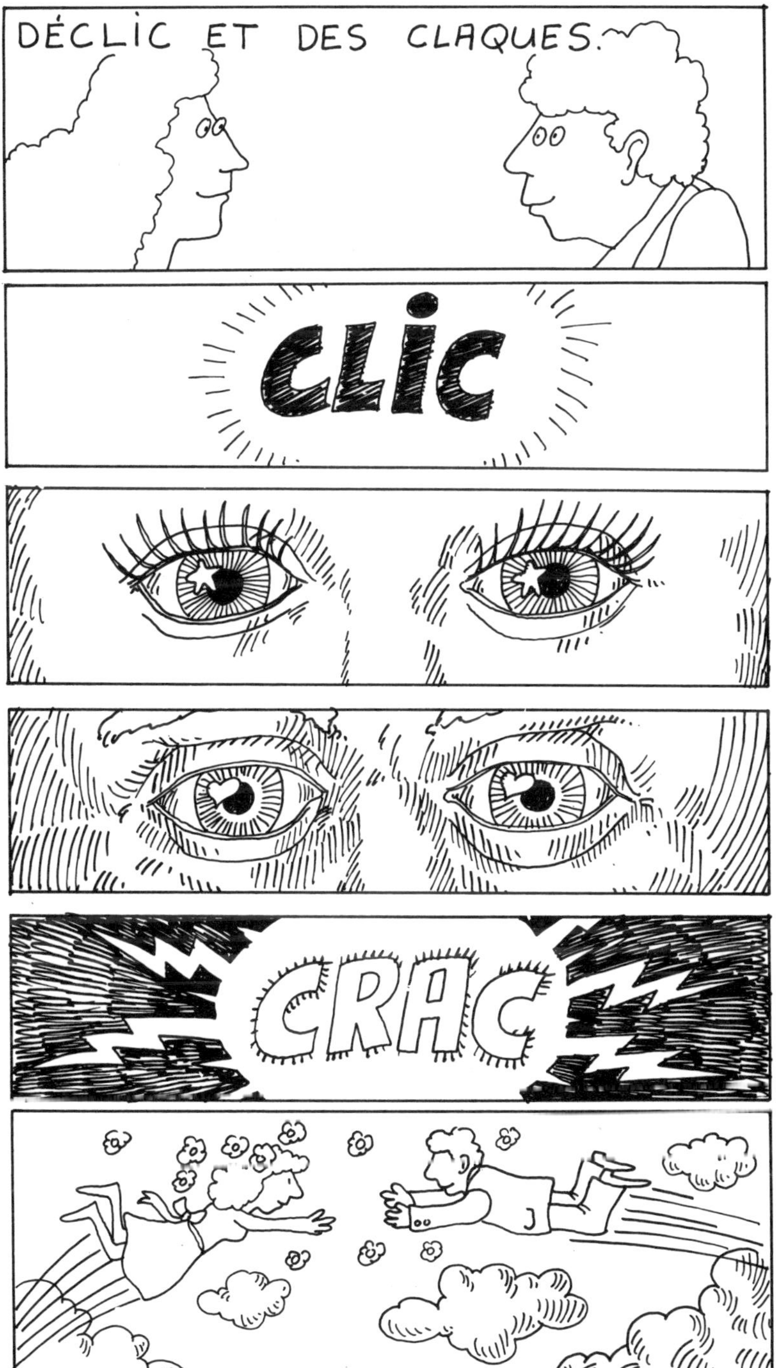
DÉCLIC ET DES CLAQUES.
CLIC
CRAC
J

Mais l'histoire nous intéresse à partir du moment où cet homme sensé, ce général victorieux, ce grand stratège, perd complètement tous ses moyens et d'abord sa raison parce que son amour fou pour Desdémone le déséquilibre, dérègle sa vie mentale et par un développement monstrueux qui le fait passer du normal au pathologique le jette dans un comportement démentiel. Sur de faibles indices (une sombre histoire de mouchoir) que son mauvais génie, son officier d'ordonnance Iago, va lui susurrer à l'oreille, voilà qu'il part dans une colère (émotion) qui elle-même le plonge dans une rage — passion au cours de laquelle il va étrangler de ses propres mains et jusqu'à ce que mort s'en suive la fragile et infortunée Desdémone. Après quoi, il sera désespéré puisque précisément il a tué l'être qu'il aimait le plus au monde ! Ici, on peut bien dire qu'il n'a pas été maître de sa passion (c'est Montaigne qui disait que la beauté ne ravit pas : elle ravage) et qu'il a été comme « ravagé » par une sorte de raz-de-marée mental ; et l'on peut se demander si, en effet, cet amour fou excuse totalement l'acte par lequel il a donné la mort à sa belle. « C'était plus fort que moi ! » « Je n'ai pas pu faire autrement ! » « Je ne l'ai pas fait exprès ! » : l'amoureux fou rejoint ici le jeune enfant gâté qui fait des caprices et qui va dire « ce n'est pas de ma faute » après avoir fait une énorme bêtise. Ici, c'est la jalousie sentiment bas par excellence qui a fait du passionné un criminel et d'un héros un assassin.

Car, comme le disait saint Thomas d'Aquin, « les passions en elles-mêmes ne sont ni bonnes ni mauvaises », on les rend bonnes ou mauvaises en les canalisant (comme dans l'amour de la science, de la vérité, de l'humanité) ou en se laissant aller à son égoïsme, à son poids d'humain, à la facilité : « l'homme est une passion inutile » soutient Jean-Paul Sartre.

Le passionné entre dans une logique toute personnelle où le délire des grandeurs s'enchaîne souvent à celui de la persécution. L'amoureux passionné est un mégalomane qui devient paranoïaque. Rien ne compte plus pour lui que sa passion. Stendhal disait

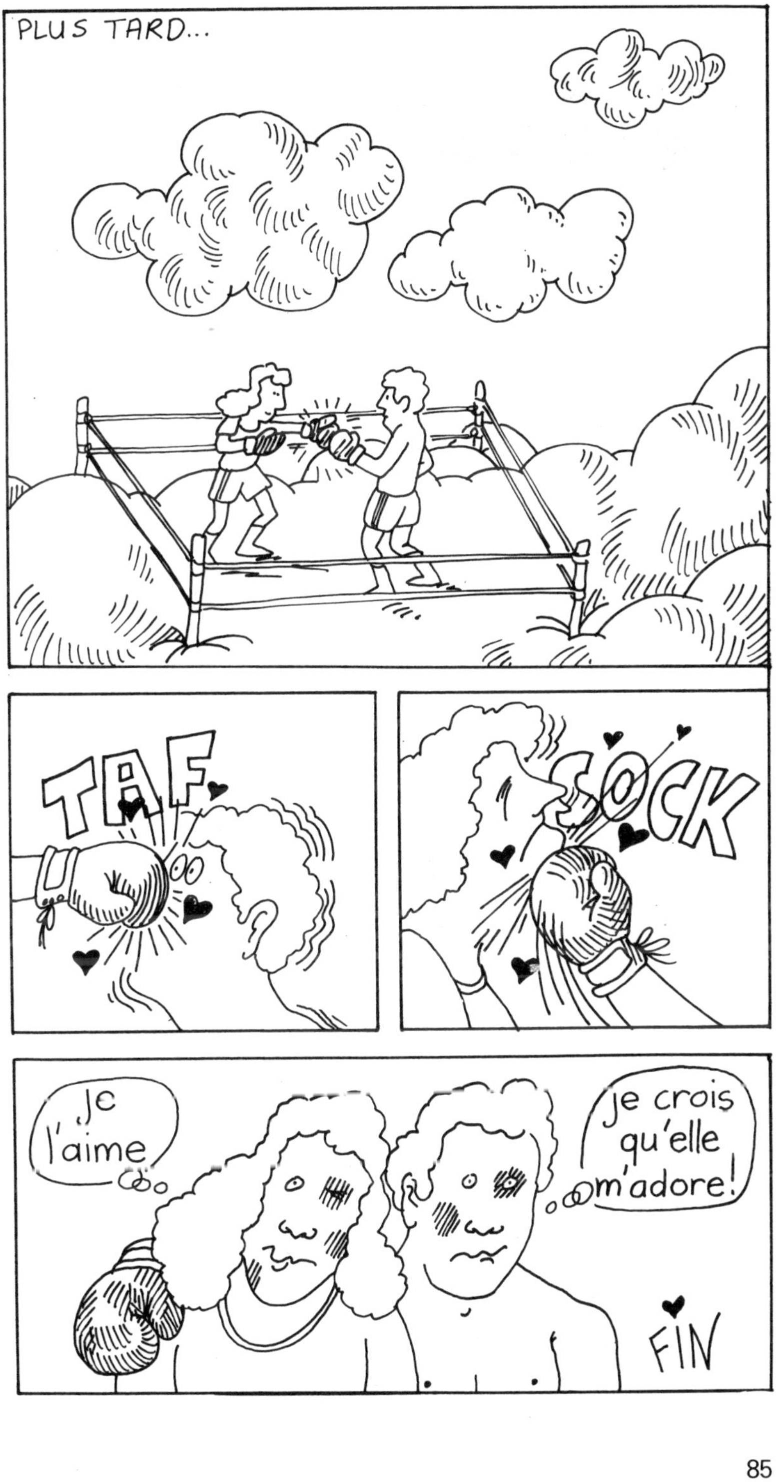
PLUS TARD...
TAF
SOCK
Je l'aime
je crois qu'elle m'adore!
FIN

OTHELLO
77
A LIRE AVEC L'ACCENT SICILIEN
ACTE 1 - SCÈNE 1 : LE CASSE
BANQ
TAC A TAC A TAC A TAC
PAF
WIIIIII
BOUM
ACTE 1 - SCÈNE 2 : DESDÉMONE
c'est gagné !!
combien?
ACTE 2 - SCÈNE 1 : LA MACHINATION DE IAGO
BZZZ !! BZZZ... DESDÉMONE BZZ... BZZ.. MOUCHOIR.... ... SI, SI.....
QUOI!

ACTE 2 - SCÈNE 2 : OTHELLO S'EMPORTE...
DESDÉMONE ! je sais tout !!!
SLAM
ACTE 2 - SCÈNE 3 : TACATACATAC.
TACATACATACA
ACTE 2 - SCÈNE 4 : DESDEMONE N'Y COMPREND RIEN
pourquoi, mon amour ? pourquoi ?... AAAAAH !!! je meurs...
ACTE 3 - SCÈNE 1 : LA DURE RÉALITÉ
mon dieu ! mon dieu !! qu'ai-je fait Desdémone mon amour...
RIDEAU !!

« il va cristalliser tous les détails de la vie quotidienne autour de sa passion jusqu'à sombrer très vite dans un univers déréglé où rien n'aura plus de sens ». Retenant tout ce qui peut justifier sa jalousie l'amoureux grossit de faibles indices en négligeant tout le reste et construit sur des bases très fragiles des raisonnements dont la structure apparemment rigoureuse camoufle la faiblesse.

Car la raison n'a jamais raison de la passion : le passionné « raisonneur » délire sans maîtriser aucun jugement logique. Il baigne dans l'irrationnel. Le psychanalyste Daniel Lagache disait « là où il y a choix rationnel, on peut affirmer qu'il n'y a pas d'amour ». De fait, dans le mariage de raison il n'y a pas par définition de passion. Mais dans la passion folle il n'y a plus de raison non plus. D'où l'idée qu'on n'échappe pas à sa passion, qu'on est envahi par elle, qu'on ne peut plus la retenir, qu'on est l'esclave ou la victime.

Ici l'amoureux fou rejoint le toxicomane gravement atteint, tous deux passionnés « passifs », subissant leurs états d'âme, incapables de redresser la situation par un effort de volonté.

On dit souvent qu'ils suivent le courant comme le « chien crevé au fil de l'eau ». En se piquant à mort par une « overdose » d'héroïne ou en assassinant six personnes — (comme dans le fait divers banal du brave ouvrier de Saint-Nazaire qui avait tué non seulement sa maîtresse mais son présumé rival, le père, la mère et les deux frères de la belle, sans preuve formelle de son infortune) — les passionnés n'ont pu résister à leurs pulsions morbides, à une impulsion affective, en agissant de la façon la plus déraisonnable qui soit.

Il faut établir une distinction d'ordre caractérologique entre les passionnés et les flegmatiques, bien raisonnables, tièdes ou même froids, impassibles ou insensibles qui restent **distanciés** par rapport aux événements, aux émotions sentimentales ou à la folle passion. Pour eux, aucun problème. Ils pourront toujours s'arrêter à temps. Ils se contrôleront, ils résisteront, ils ne se laisseront jamais aller. Ils répondront donc à la question de savoir si l'amour

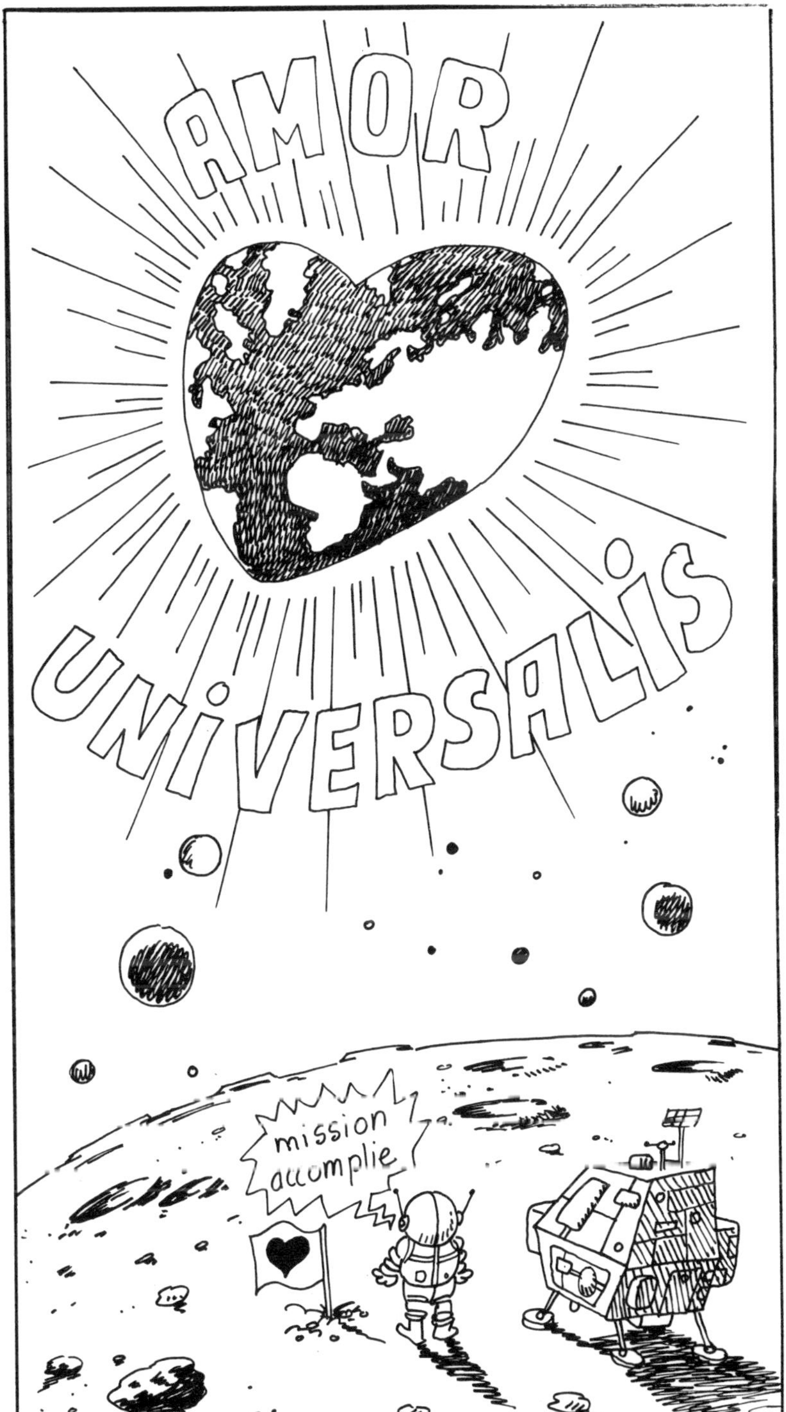
AMOR
UNIVERSALIS
mission accomplie

excuse tout, un « Non » catégorique et affirmeront qu'on peut et qu'on doit rester maître de ses passions. Il suffit de faire un effort de volonté. Avec du courage, de la force de caractère, on peut toujours stopper une impulsion : pour Descartes la volonté étant infinie, il suffisait de se décider pour arrêter la passion quand et comme on veut.

Mais la passion qui s'arrête par un effort de volonté ne cesse-t-elle pas ipso facto d'être une passion ? Les passionnés authentiques ne sont jamais raisonnables ni distanciés, ni froids ; ils sont exaltés, surexcités, bouillants, exubérants. Jamais ils ne s'arrêtent brusquement au milieu d'une grande crise passionnelle par un simple effort de raison et de volonté ! Pascal évoque les « effets effroyables de la passion », qui « remue toute la terre, les princes, les armées, le monde entier ».

Mais précisément, plus cette tâche est impossible pour l'homme ordinaire, plus la philosophie en fait son idéal, son but essentiel, sa raison d'être. Tout l'effort de quelque trois mille années de réflexion philosophique, de Socrate et des stoïciens à Sartre et Camus a porté sur la volonté de surmonter ses passions en général et la passion amoureuse en particulier, afin de transformer nos « passions inutiles » en décisions d'action.

A cet égard, il n'y a rien de moins philosophique que la passion amoureuse à laquelle on s'abandonne : en revanche si l'on peut canaliser l'élan impétueux de sa passion pour l'utiliser dans la vie quotidienne, dans sa profession, dans la création artistique ou littéraire, dans les relations entre les hommes, entre les nations, entre les peuples, si l'on peut transformer l'amour pour l'individu en un grand Amour pour l'humanité, pour la vérité, si l'on change la petite passade personnelle en une grande passion universelle, alors et dans ce cas on aura maîtrisé ses passions et atteint l'un des plus hauts objectifs que s'est fixé la philosophie : on aura aussi justifié le mot du grand philosophe Hegel lorsqu'il affirme que « rien de grand n'a pu s'accomplir dans ce monde sans véritable passion ».

LA CONNAISSANCE D'AUTRUI

« L'enfer, c'est les autres »

Malebranche distinguait quatre sortes de connaissances : la connaissance de l'âme (par conscience directe), celle du corps (par idées), celle de Dieu (par intuition) et, enfin, la connaissance d'autrui par supposition, qui ne pourrait être que conjecturale.

Il peut paraître bien étrange de soutenir qu'on ne connaît

pas vraiment autrui ni d'une manière profonde ni d'une manière sûre et certaine. Comment ! le mari ne serait pas sûr de bien connaître sa femme ? la mère, certaine de connaître à fond son enfant ? le médecin son malade, le maître son élève, le marchand son client ? Ce serait nier toutes les expressions de la conversation courante comme « vous me connaissez assez », « vous me connaissez bien », « vous savez qui je suis », etc. De prime abord, en effet, rien ne paraît plus simple que la connaissance des gens les uns par rapport aux autres.

La connaissance... oui, mais c'est qu'on ne parle peut-être pas de la même chose : quand Malebranche parle de connaissance, il s'agit d'une connaissance métaphysique. Tandis que lorsque le mari affirme bien connaître sa femme, il parle d'une fréquentation assidue, d'un contact physique quotidien, élémentaire, superficiel.

Contrairement à ce que l'on peut penser, la connaissance d'autrui est un problème philosophique difficile, même s'il paraît puérilement aisé au sens commun. L'homme de la rue haussera

Douterai-je de tout, y compris de mon doute ?
Je suis une chose pensante.
ALLEZ SALUT !
NE PAS DÉRANGER SOLIPSISTE
MOI
MOI
MOI

les épaules : « Voilà qui ne pose vraiment aucun problème ! c'est le b.a.-ba. »

Mais, en philosophie, ce sont les problèmes les plus simples en apparence, les questions les plus élémentaires qui sont les plus difficiles à résoudre.

Essayons de poser l'idée de la connaissance d'autrui d'une manière philosophique : nous savons depuis Descartes philosophiquement dire que nous sommes en tant que conscience. Descartes a en effet soutenu après une longue et difficile méditation entièrement consacrée au doute — « peut-être que rien n'est certain sinon que rien n'est certain » — (« douterai-je de tout, y compris de mon doute ? ») que son âme existait par cela seul qu'il en avait conscience : c'est ce qu'il a exprimé dans son très célèbre « Cogito » : *Dubito ergo cogito,* « je doute donc je pense » ; *Cogito ergo sum,* « je pense donc je suis. »

Mais qui suis-je ? continue de se demander Descartes à lui-même : il pourrait répondre, par exemple, s'il était existentialiste : « Je suis René Descartes. » Mais comme Descartes n'est pas existentialiste mais cartésien, il répond : « Je suis une chose pensante » **sum res cogitans**. Ce qui ne prouve pas d'ailleurs qu'il y ait d'autres substances pensantes en dehors de lui-même et la solitude avec soi-même semble le triste lot de Descartes. Et les philosophes de s'en mêler avec leur art d'exprimer les choses simples avec des mots compliqués en baptisant cette solitude d'un terme emprunté au latin : **le solipsisme** (solus ipse = seul avec soi-même).

Qu'est-ce à dire ? En philosophie, la plupart des grands penseurs classiques n'ont réussi à trouver, à prouver que leur seule existence personnelle, emmurés dans leur tour d'ivoire, seuls avec eux-mêmes.

Leibniz exprime cette vérité première sous une forme insolite : « La monade n'a ni portes ni fenêtres. » Autrement dit, je suis seul, à l'intérieur de mon moi, de ma personne, je ne peux même pas communiquer avec autrui, je n'ai pas

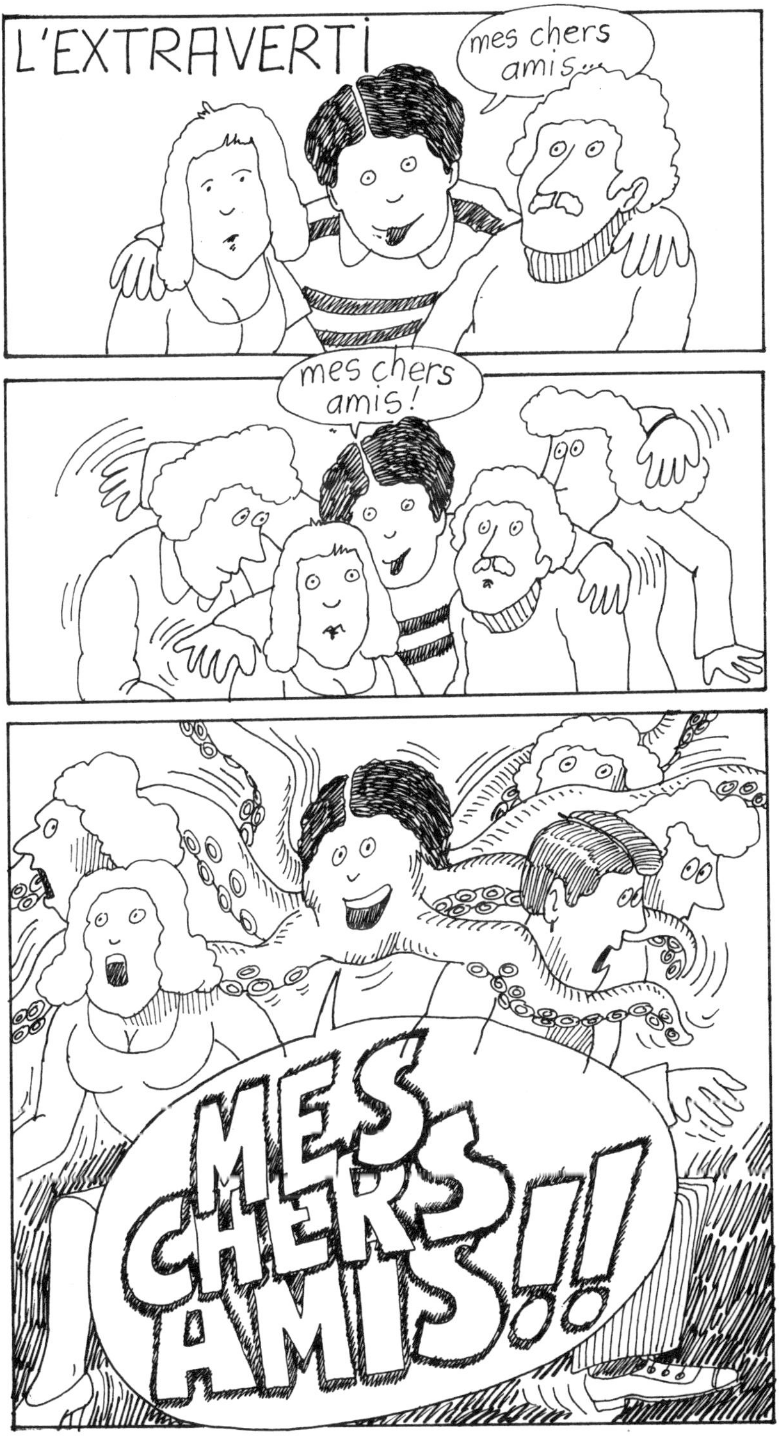
L'EXTRAVERTI
mes chers amis...
mes chers amis!
MES CHERS AMIS!!

d'ouverture sur les autres. Chaque être est isolé, enfermé, refermé sur lui-même. C'est une conception très pessimiste, très déprimante de l'humanité, que cette « monadologie » !

Ne peut-on penser qu'à côté d'une vision très égocentrique très « personnelle », très égoïste, très « fermée » de l'individu qui ne chercherait nullement à s'intéresser à autrui, ayant bien assez à faire avec lui-même, il y aurait une tout autre manière d'envisager les rapports humains ? Pour les psychologues, il existe d'ailleurs deux catégories d'individus, les « introvertis », qui seront donc plutôt leibniziens, et les « extravertis, qui, eux, communiquent sans arrêt avec autrui, souvent même d'une manière presque fatigante à force d'être actifs, exubérants, voire même un peu surexcités, hystériques, en projetant leur moi profond sur les autres à tort et à travers... « Ah ! il va encore nous raconter sa vie ! »...

Chaque philosophe a peut-être tendance à trop partir de son expérience personnelle en la généralisant, à trop appliquer les idées qui lui sont propres en les appliquant à l'humanité tout entière. C'est pourquoi Leibniz a fait de l'homme une monade (en grec monos veut dire, seul, tout seul) c'est-à-dire un être particulier, unique singulier qui ne communique pratiquement pas avec les autres.

Mais le solipsisme n'est pas la seule attitude philosophique possible : d'autres philosophes comme Hegel par exemple ont insisté sur la possibilité de se sortir de soi et d'être en rapport direct avec autrui. C'est peut-être d'ailleurs une des grandes découvertes du XIXe siècle que l'établissement d'un « pont » entre les consciences : l'invention du problème (et de la solution) de la connaissance d'autrui. Alors vous pensez peut-être que la position de cette question s'est faite en termes très chaleureux, très cordiaux, voire amicaux : eh bien, pas du tout. Quand Hegel parle de la connaissance des autres il dit notamment :

L'INTROVERTI

« La naissance des enfants, c'est la mort des parents » ou encore : « Chaque conscience poursuit la mort de l'autre. » La vision d'autrui par Hegel est encore plus pessimiste que celle de Leibnitz et des partisans du solipsisme. L'homme ici n'est plus seul mais, reprenant une formule d'un vieux philosophe du début du XVIIe siècle, qui écrivait en latin (Hobbes, par ailleurs philosophe anglais !) **Homo homini lupus**, « L'homme est un loup pour l'homme. » Pour Hegel, l'amour rend aveugle et c'est plutôt l'antipathie, la haine qui rend lucide et clairvoyant. L'homme, « cet animal malade » que décrit la **phénoménologie de l'esprit**, ne pourra donc comprendre son prochain que par une agressivité que Jean-Paul Sartre réutilisera en la développant cent ans plus tard, à la fois dans *L'Être et le Néant* et dans *Huis Clos* : le seul moyen de connaître l'être d'autrui, c'est de le haïr.

Bien sûr, cela peut sembler paradoxal, négatif, malveillant pour l'humanité. Remarquez que le philosophe français le plus important du milieu du XIXe siècle, Auguste Comte, avait choisi pour devise : VIVRE POUR AUTRUI. Sachez bien aussi que d'autres philosophes, dans le dernier quart du XIXe siècle tout particulièrement, ont, dans une démarche générale analogue, défendu la thèse que la sympathie permettait de mieux connaître les autres.

C'est le cas par exemple de Freud, dont toute la théorie psychanalytique repose sur l'idée d'un transfert entre le patient et son analyste et sur une compréhension sympathisante d'une psychologie qu'on a souvent appelée « à la deuxième personne » (c'est-à-dire, au singulier : toi et au pluriel : vous). Dans *La Psychanalyse du Feu*, Gaston Bachelard, disciple sur ce point de Freud, dira : « Quand il s'agit d'examiner des hommes, des égaux, des frères, la sympathie doit être le fond de la méthode. » Il pensait même qu'il fallait une « sympathie préalable » pour tenter

BAS LES MASQUES

de connaître l'être d'autrui, pour lutter contre la malveillance naturelle, le dénigrement systématique, l'hostilité spontanée que l'homme éprouve pour un indifférent, un étranger, un « nouveau venu ».

Réfléchissez-bien : lorsqu'on vous présente quelqu'un que vous ne connaissez pas encore réussissez-vous vraiment, tout de suite, à avoir pour lui une sympathie immédiate ? Soyez honnêtes avec vous-mêmes ! Ne vous vantez pas. 99 % des hommes ont d'abord une réaction de refus, de rejet, d'antipathie. Il faut vraiment qu'ils luttent contre cette tendance naturelle pour pouvoir ressentir un petit élan, une curiosité favorable à l'égard d'autrui.

De même, Henri Bergson en inventant sa philosophie qu'on appelle souvent l'intuitionnisme bergsonien, a proposé une véritable pensée de la compréhension d'autrui : il essaie de connaître l'être de l'autre par co-incidence, dit-il lui-même, « avec ce qu'il a d'unique et par conséquent d'irremplaçable ». Car, chaque personne si pauvre qu'elle soit d'intelligence, d'esprit, si indigente que soit son âme, possède une originalité propre, une spécificité qui la rend différente des autres. Pour comprendre cette intelligence particulière il faut sympathiser avec elle et non pas la détester.

Enfin, tout un mouvement philosophique, la phénoménologie, avec à sa tête un philosophe comme Edmond Husserl, suivi par une cohorte de disciples dont le plus important peut-être pour la connaissance d'autrui a été Max Scheler *(Nature et Forme de la Sympathie,* en 1928) mais aussi des penseurs comme Heidegger, Martin Buber (son œuvre majeure s'intitule précisément « *Je et Tu* »), en France Merleau-Ponty ont soutenu qu'il fallait pour connaître l'être d'autrui pratiquer une méthode pompeusement appelée « la réduction phénoménologique » qui peut elle aussi se ramener — en gros — à la sympathie directe, à la fusion des esprits, à la coïncidence entre les

L'HABIT FAIT LE MOINE

consciences. Un grand poète français a d'ailleurs exprimé cette pensée d'une manière très profonde, avec une faute d'orthographe volontaire : « Toute connaissance est une co-naissance » (Paul Claudel, *l'Art poétique*).

Jean-Paul Sartre répond pour sa part qu'il n'y a rien de plus utopique, de plus ridicule, de plus irréaliste, que d'imaginer que les hommes ont envie de ou vont pouvoir se « co-naître ». Il serait plus exact de dire qu'ils se « co-haïssent ». Chaque homme se situe à travers trois sphères d'existence. Dans la première, « l'en-soi », il se contente d'une vie végétative ; il n'est que matière ou réalité sensible. Dans cet esprit, Heidegger disait : « La matière résiste, l'objet consiste, l'animal subsiste, seul l'homme existe vraiment. » Pour exister, l'homme entre dans le « pour-soi », c'est-à-dire qu'il prend conscience de sa liberté, de son moi profond, pour parler en termes bergsoniens. Enfin, la dernière étape de l'itinéraire logique (ou « ontologique ») de l'homme, c'est le « pour-autrui ».

Façon de parler, ou façon d'écrire de Sartre d'ailleurs car dans son cas ce serait plutôt le contre-autrui. Mais comment s'y retrouver ? Peut-on faire confiance à la physionomie ? Il y a une science qui ne s'occupe que de cela, qui cherche à connaître autrui par les traits du visage : c'est la physiognomonie. Mais l'homme intelligent est capable de simuler, de feindre : qui peut dire s'il est sincère ou non ? La grande majorité des hommes est totalement indifférente les uns aux autres, c'est l'hypocrisie sociale qui les pousse à faire semblant de se passionner pour la santé d'autrui : « Comment allez-vous ? » En réalité, ils s'en moquent éperdument.

William James, philosophe américain du début de ce siècle, soutenait que l'homme est le composé « d'un corps, d'une âme... et d'un vêtement ». Le vêtement peut en effet nous renseigner davantage sur autrui. C'est ainsi que Diderot, dans *Les Regrets*

PORTE OUVERTE

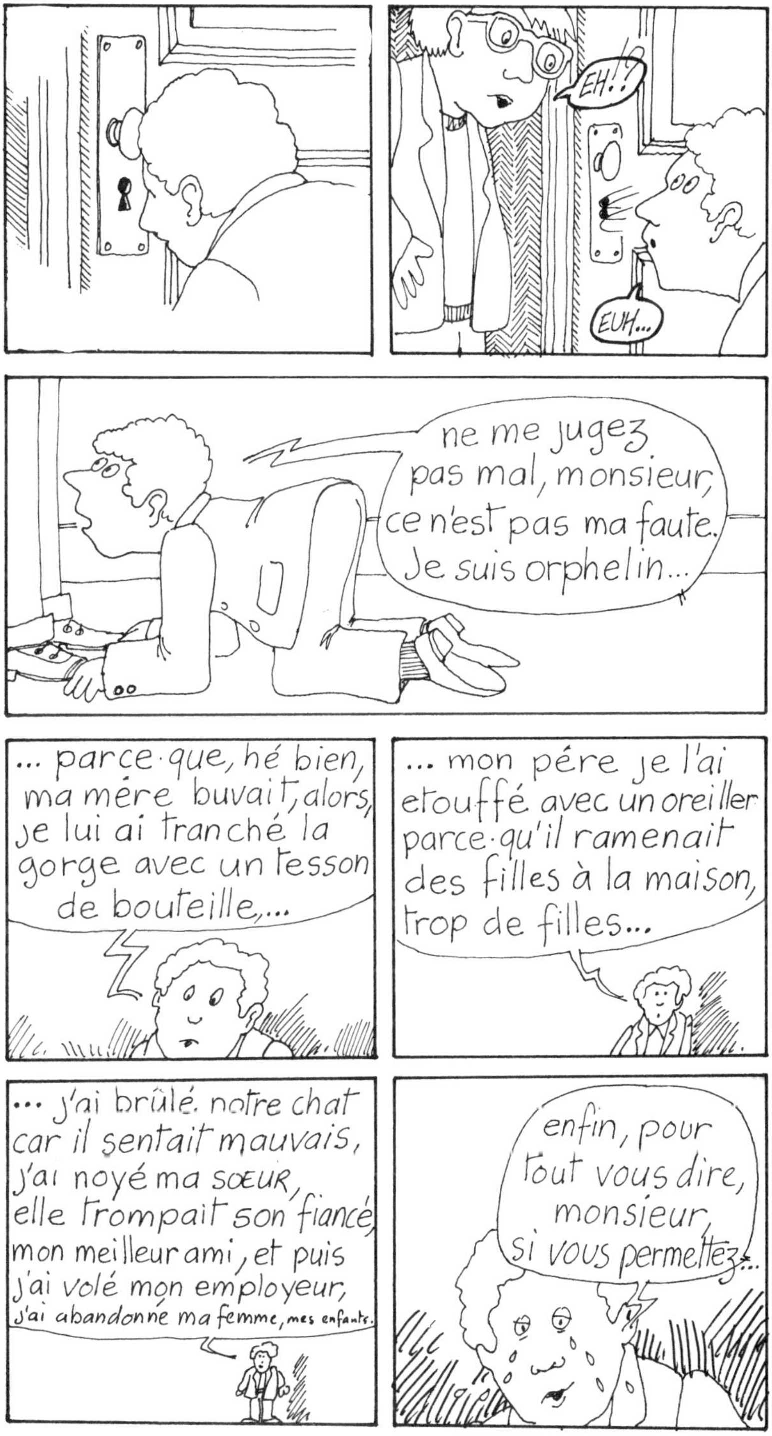

sur ma vieille robe de chambre, avouait que toutes les taches d'encre qui maculaient le tissu « montraient l'homme » qu'il était. A partir de ses traits de caractère, de ses manies, de ses tics, de ses goûts, de ses habitudes, on peut en effet tenter de reconstituer la personnalité de l'autre. Mais cela ne suffira jamais pour atteindre les couches profondes de l'esprit d'autrui.

Peut-être le langage pourrait-il nous permettre d'établir cette communication recherchée : mais là encore, rien n'est plus incertain, car qui peut se vanter de savoir à coup sûr quand autrui dit la vérité et quand il ment. Les Américains ont mis au point une machine à détecter le mensonge, « lie detector », mais c'est en réalité une machine qui sert à identifier l'émotion, l'émotivité, la nervosité d'un sujet : beaucoup de flegmatiques réussissent à mentir froidement, sans s'énerver, sans s'émouvoir.

Bref, si nous nous référons à la doctrine sartrienne, la seule solution possible pour pénétrer à l'intérieur d'autrui, ce serait tout simplement le regard : mais attention, pas n'importe quelle sorte de regard. Le plus sûr moyen d'arriver par une sorte de déchirure de tous les trompe-l'œil, de tous les faux-semblants, de tous les masques, comme par effraction, au plus profond de l'être intérieur d'autrui, c'est le regard du « regardé regardant ». Sartre donne comme exemple l'homme qui vous regarde par indiscrétion, le voyeur en quelque sorte, par le trou d'une serrure. Si ce voyeur se trouve brusquement surpris en pleine action, alors et dans ce cas grâce à l'effet de surprise, au choc qui va être provoqué par sa découverte et la honte qui en découle, il va se dévoiler jusqu'au plus profond de lui-même et l'on pourra enfin pénétrer la vérité de son jardin secret.

Toutefois on pourra objecter à cela que cette situation est un cas limite, difficile à reconstituer dans la vie quand on a envie ou besoin de connaître les autres et qu'au surplus ce procédé n'est ni facilement utilisable ni fréquemment rencontré.

Sans engager une polémique avec Sartre ce qu'on peut dire

JE SUIS UN MONSTRE!
RAAAR...
HÉ! HÉ!
OUARGNE
HIARK HIARK

Tout ça n'est pas bien grave, je voulais seulement savoir si les Martin habitaient bien à cet étage
OH, NOOON!

c'est qu'il a apporté, avec sa célèbre formule : « L'enfer c'est les autres », une illustration très concrète et très expressive de ce que la connaissance d'autrui est liée à la haine que les êtres éprouvent les uns pour les autres. Il est très difficile de savoir quelle est la vraie nature d'autrui. C'est seulement dans des circonstances graves, rares, exceptionnelles qu'on peut, au fond, la découvrir.

L'incendie d'un cinéma, l'explosion d'un pain de plastic dans une voiture piégée, l'accident d'avion où la panique à bord se propage : voici des cas où on peut saisir au vol le vrai visage de l'autre, dans le tragique. On est souvent surpris : celui qu'on prenait pour un brave se conduit comme un lâche ; le faux chef est un esclave rampant, le faux héros est une poule mouillée. Mais celui qu'on prenait pour un mou, un pleutre, un petit sauteur, apparaîtra ce jour-là différent : courageux et volontaire.

La connaissance métaphysique apparaît comme un exercice difficile : mais la métaphysique est toujours difficile. Si les problèmes philosophiques vous paraissent trop faciles, c'est qu'en réalité vous ne les avez pas compris. Cette difficulté étant fondamentalement la même, il n'est ni plus ni moins aisé de connaître autrui ou Dieu, la réalité du monde extérieur ou l'immortalité de l'âme, la vie ou la mort, l'en-deçà ou l'au-delà. Laissons le dernier mot au poète de *La Mort du Chien,* lorsqu'il s'écrie en proie à une angoisse métaphysique très sincère et très forte : « D'où vient l'astre ? où va le chien ? ô nuit ! »

L'ART ET LA BEAUTÉ

quelle vanité que la peinture qui attire l'admiration par la ressemblance des choses dont on n'admire point les originaux. Pascal.

Peut-on vivre dans un monde de laideur ?

Voltaire soutenait, dans son *Dictionnaire philosophique,* à l'article : « BEAU », « Qu'est-ce que le beau ? Demandez à un crapaud, il vous répondra que c'est sa crapaude ; demandez à un noir de Guinée, il vous parlera d'un nez épaté, d'une grosse bouche et d'une peau huileuse... demandez à un philosophe : il vous répondra par un galimatias ! »

Le problème de savoir ce qu'est exactement une chose belle

correspond typiquement au débat philosophique sous sa forme la plus classique.

Si l'on pose la question à Platon, il répond en effet que « le beau est la splendeur du vrai ». Il affirme qu'il existe un beau-en-soi, que ce beau-en-soi était identique chez les Egyptiens vingt mille ans avant les Grecs ; que Praxitèle et Phidias, les sculpteurs grecs, n'ont fait que recopier leurs prédécesseurs, imiter les anciens, tant il est vrai que l'on ne peut rien inventer de nouveau en ces matières et que le seul moyen de faire de l'art c'est de chercher à se conformer le plus possible à des modèles préexistants, à un idéal qui s'impose sans modifications, sans changement possible.

La conception platonicienne restera, en gros, valable, du Ve siècle avant Jésus-Christ jusqu'au XVIIIe siècle français c'est-à-dire pendant quelque 2 200 ans. Encore pourrait-on même trouver des philosophes à la fin du XXe siècle qui continuent à croire à l'idée d'un beau-en-soi platonicien et qui rejetteront toutes les formes d'art actuel parce qu'elles s'écartent d'un idéal bien classique. Picasso par exemple ce serait « délirant », « grotesque », « enfantin » parce que cela s'éloigne d'une conception de la peinture qu'ont illustrée les Raphaël, les Titien, les Léonard de Vinci, les Rubens ou les Rembrandt au travers des siècles.

Si l'on pose la question à Montaigne ou à Descartes, ils préfigureront Voltaire en soutenant que le beau-en-soi est un leurre et que ce qui est beau c'est ce que nous sentons et ce que nous jugeons tel. C'est là l'origine d'une critique d'art ou d'un jugement littéraire qui reposent sur un subjectivisme radical.

Quand Albert Camus dit : « la musique concrète, vulgairement appelée bruit ! », il présente d'une manière humoristique une vérité profonde.

Certaines créations récentes qui constituent des innovations originales en matière de musique représentent en fait des successions de sons qui peuvent charmer notre oreille ou nous déplaire profondément ; cela repose en grande partie sur l'acoustique elle-même et il arrive très souvent (pour ne pas dire toujours) que les créations en matière artistique commencent par déplaire, par choquer précisément parce qu'elles surprennent, parce qu'elles étonnent et qu'elles détonent. Le plus grand critique musical de la fin du XVIII⁰ siècle à l'audition de la première symphonie de Beethoven s'est exclamé : « Cette musique me fait éternuer ! » Lorsque l'on exposa les premières toiles d'Eugène Delacroix, de Géricault, de Courbet, de Manet (de tous les impressionnistes), de Cézanne, de Van Gogh, les réactions du public ont été extrêmement violentes : rejet total. C'étaient « des croûtes », des « barbouillages », d'« immondes graffitis ». L'art académique classique n'y trouvait pas son compte. Rodin a été honni : ses statues paraissaient « insensées ». Wagner et Debussy se sont fait siffler à leur première représentation symphonique... Les exemples abondent.

LES SONDAGES

Si l'on se demande en ce dernier quart du XX⁰ siècle quel est le moyen le plus sûr pour juger de la beauté, la réponse la plus évidente sera celle des sondages. « Faites un sondage ! » Et voilà qui déterminera avec une rigueur et une précision parfaites quel est le tableau, qu'elle est la chansonnette, quel est le film, quel est le ballet, quel est l'opéra, quel est le poème, quel est le roman, quelle est la pièce de théâtre, quel est l'édifice, qui peuvent être jugés les plus beaux à un **moment** donné dans un **pays** donné.

Car, bien entendu, il faut tenir compte des variations du goût, de l'évolution de la sensibilité esthétique à travers les différentes époques et les divers pays où l'on se situe. Les premiers « gallups » français des années d'après-guerre (1945-1946) avaient donné par exemple : « Quel est le plus grand écrivain français ? Réponse : Henry Bordeaux. Quel est le plus grand musicien français ? Réponse : Jacques Hélian. » Néanmoins, il faut reconnaître que si une très forte majorité se dessine — comme cela a été le cas dans la grande rétrospective Picasso des années 70, cette « convergence mentale » ou ce « consensus » universel définissent le beau et l'identifient en grande partie avec « le plus célèbre », « le plus fameux », « le plus connu » et « le plus reconnu ». C.Q.F.D.

En somme, il n'y a guère que trois états esthétiques bien tranchés. Le plus fréquent reste l'indifférence glaciale d'un immense public totalement allergique à l'art et à la beauté. « Ça me laisse froid » ou « ça ne me fait ni chaud, ni froid »

charmantes ces vieilles fontaines?
BOF!
tu as écouté Menuhin à la télé...
commercial
peut être mais Paganini quelle force!
trés, trés agressif.
extraordinaire ce film!! non?
facile!
LUX
La poupée qui tue
ça m'a fait plaisir de te voir
MOI AUSSI
BON, ALLEZ, SALUT! À BIENTÔT...
qu'il est bête ce pauvre Bernard, quelle couche
désespérant, il n'a vraiment aucun goût ce pauvre Robert!

ou « je n'aime pas ça ! » ou « ça m'ennuie »... Au-dessus de cette absence de réactions, il y a une forme élémentaire de plaisir esthétique qui consiste à avoir une attirance marquée pour l'objet d'art, qu'il s'agisse d'une statue ou d'une pièce de théâtre.

Tous ceux qui font un véritable effort (et d'abord un effort financier) pour se payer une place de spectacle, une entrée dans une exposition, une reproduction d'art — participent à cette sensibilité et risquent d'éprouver à tout le moins un certain plaisir même s'il est mitigé ou amoindri par des réserves (car certains passages ou certaines œuvres vous plaisent ou vous touchent moins). Nous insistons sur cette notion de plaisir car il y a presque une sensation érotique, un plaisir physique devant l'objet d'art ou du moins une certaine sensualité liée à la vue, à l'ouïe, au toucher, au goût, voire à l'odorat. Palper du regard une statue, c'est un plaisir des sens : la *Vénus callipyge* rejoint ici le film érotique.

Un critique du XXe siècle, Émile Faguet, avait une formule lapidaire pour exprimer cette idée : « Le bon goût c'est mon goût ! »

C'est une seconde tradition qui s'oppose, terme à terme, au « dogmatisme » platonicien. Le maître de Platon, Socrate, disait en gros : « C'est beau parce que c'est beau » (« le beau devient beau par le beau »). La grande révolution philosophique de Kant va consister à dire (si l'on schématise un peu) : « C'est beau parce que ça me plaît ! » (« Est beau ce qui **plaît** universellement et sans concept... l'objet d'une satisfaction désintéressée... nécessaire... une finalité sans fin »).

Car si vous vous demandez : « Mais pourquoi est-ce que ça me plaît ? » Kant vous répondra que le beau s'impose à vous d'une manière absolument nécessaire et que votre sentiment, votre conscience esthétique, votre jugement est généralisable ou univer-

L'ARTISTE INCOMPRIS
aucun talent ce pauvre Bourdinoux.
très, très mauvais!
VULGAIRE!
c'est d'une pauvreté pas de palette rien...
si c'est comme ça que Bourdinoux voit les femmes.
on se demande pourquoi il peint encore il n'a rien à dire
il ne s'arrange pas dis donc Bourdinoux.
ouais, il est dans une impasse
quel talent il avait Bourdinoux
eh, oui ce sont les meilleurs qui s'en vont...
eh oui... encore un grand artiste qui disparait.
REGRETS

salisable. Autrement dit, si ça vous plaît, si vous aimez cela, vous devez pouvoir au moins le faire sentir aux autres, faire partager votre enthousiasme par les autres esprits... C'est à partir de ce jugement que vous pourrez atteindre la satisfaction de la belle œuvre d'art, du « beau et du sublime ».

Plus près de nous, d'autres réponses plus réalistes peut-être ont été apportées au problème du beau : par exemple selon les expérimentalistes, c'est beau parce que l'on peut prouver scientifiquement et en laboratoire que c'est conforme aux lois qui président à l'élaboration de la beauté et de l'harmonie. Ainsi, connaissez-vous la section d'or ? C'est un rectangle de 21 × 34 (centimètres, mètres, kilomètres, peu importe, ce que vous voudrez...) Ce nombre d'or que les Grecs connaissaient d'ailleurs déjà, donne l'impression d'une certaine harmonie ; c'est vrai d'un jardin bien dessiné, d'un paysage bien composé, d'un tableau bien structuré.

En musique, ce sont les lois de l'acoustique qui vont nous faire paraître les sons plus ou moins mélodieux. Au-dessus ou au-dessous de tant de vibrations, notre oreille va se sentir agressée. On parlera de cacophonie. Au contraire, au niveau d'une certaine intensité, on éprouvera une sensation très agréable. Des laboratoires d'esthétique fournissent d'ailleurs, des luxmètres, des potentiomètres, des acoumètres qui permettent de déceler le seuil à partir duquel la lumière ou le son cessent d'être déplaisants pour devenir harmonieux.

A cet égard, nous soutenons que la gastronomie peut être considérée comme un des beaux arts. Que le grand cuisinier est lui-même un artiste authentique et qu'un grand plat composé savamment par un « créateur » s'identifie aisément à une toile de maître, à une peinture très réussie tant il est vrai que les démarches d'esprit des deux hommes se rapprochent étrangement.

Le plaisir que peut éprouver un homme tout à fait inculte

une petite touche de carmin
une bonne pincée de poivre
un petit poil de jaune d'or.
un trait d'armagnac ...
AH!... peut être un peu plus ?
... peut-être un peu plus ?...
je ne suis pas mécontent de cette petite toile !...
je ne suis pas mécontent de cette petite daube !

devant l'horrible chromo représentant un « coucher de soleil sur l'Adriatique » (acheté à la foire-aux-croûtes, sur le trottoir du boulevard Sébastopol) risque d'être plus authentique que l'émotion apparente d'un critique ·devant la dernière création de son peintre préféré : même si cet esthète raffiné fait semblant de vomir devant le chromo de mauvais goût, le sentiment de l'homme simple existe peut-être plus réellement. Peu importe ce qui l'a suscité.

Enfin, le dernier état, le moins répandu — certes — mais aussi le plus fort, le plus élevé, le plus pur, c'est la véritable joie, l'enthousiasme, l'extase (très proche de l'état mystique) qu'éprouvent les amateurs d'art devant ce qui, pour eux, apparaît comme un chef-d'œuvre : cela peut vous arriver en regardant

La Ronde de Nuit de Rembrandt, en lisant le *Cimetière marin* de Valéry ou en écoutant le *Sixième Concerto brandebourgeois* de Bach. Cette émotion peut être éprouvée par un jeune enfant comme par un adulte, par un fou comme par un homme sensé, par un primitif ou par un homme très évolué. Le problème n'est pas là : la question c'est de pouvoir parvenir à travers les difficultés matérielles, les contingences terrestres, les soucis, les tristesses ou les peurs, à un **ravissement** au double sens du terme puisque l'art est « délectation » (selon le mot de Poussin) et que cette extase se confond avec un arrachement aux conditions les plus superficielles de l'existence.

Chaque époque persiste à penser que le paradis terrestre était avant elle. La douceur de vivre, la qualité de la vie, c'était il y a cinquante, cent ou deux cents ans. Regardez par exemple, les meubles paysans que nous retrouvons 150 ans après... N'étaient-ils pas merveilleux ? Ah ! ces bahuts bourguignons, ces lits clos bretons, ces tables rustiques auvergnates, n'était-ce pas la perfection ? Si vous comparez avec le formica, le néon et le fibro-ciment qui aujourd'hui ont remplacé ces purs chefs-d'œuvre des arts et traditions populaires, la conclusion obligatoire va être que « nous sommes tombés bien bas, nous n'avons plus de goût, c'est la fin d'une civilisation ».

Rassurez-vous : chaque époque a eu ce genre de réactions. Mme de Sévigné ne prédisait-elle pas : « Racine passera comme le café ! » ? Elle trouvait son époque abominable et soupirait nostalgiquement en pensant à Corneille : « C'était tellement mieux, trente ans plus tôt ! » Son pronostic s'est avéré inexact. On continue à boire du café et l'on persiste à goûter Racine.

Les Français ne se sont toujours pas faits à l'idée de mettre des objets simples, frustes ou industrialisés dans des musées. Il est à l'honneur des États-Unis d'avoir su placer une machine à écrire dans la vitrine d'un musée d'art contemporain en considérant qu'il pouvait y avoir autant de beauté dans une machine que dans un tableau de maître. Peut-être le Centre National d'Art Contemporain, le C.N.A.C. Georges-Pompidou, permettra-t-il de faire comprendre à plus de gens que l'objet d'art n'est pas seulement la statue, la symphonie ou le poème épique que l'on encense couramment, mais l'automobile, le gadget, voire le vêtement, l'objet usuel et quotidien, procèdent eux aussi d'une conception esthétique. Il est même plus aisé d'avoir du goût pour s'habiller, pour se loger, pour se véhiculer que pour faire la distinction entre une belle toile et un vulgaire chromo.

Allons plus loin : il n'y aurait jamais eu d'art si chaque génération avait eu depuis des milliers d'années, cette nostalgie

Petite histoire des Styles.

① L'AGE DE PIERRE

② LE LOUIS XIV

③ LE 1er EMPIRE

④ LE 22ème SIÈCLE

du passé que le XXe siècle a privilégié plus encore que « ce stupide XIXe siècle » comme disait Léon Daudet. Si Louis XIV s'était contenté des styles Louis XIII, Henri II et Henri III, il n'y aurait pas eu de Palais de Versailles et il n'y aurait pas eu la floraison d'artistes qui ont constitué l'art classique : Poussin, Mignard, Le Nain, Le Nôtre, Racine, Molière, Bossuet Boileau, La Fontaine et « tutti quanti », n'auraient pas existé.

La Régence a pu être une époque de décadence des mœurs mais le style rocaille ou « rococo » a existé très fort. Louis XV n'a pas toujours été un grand roi ; il a perdu les Indes et le Canada ; mais il a gagné le plus beau mobilier qui ait jamais existé et le style Louis XV, 250 ans après continue à être tenu pour le plus sublime. Louis XVI était un piètre souverain : il a quand même créé un style qui se posait en s'opposant au style Louis XV. Et nos révolutionnaires ? Ils ont tout de même pris le temps de créer des styles, comme le « Directoire ».

Louis XVIII, Charles X ou Louis Philippe qui n'ont pas été très originaux, ont malgré tout perpétré des styles spécifiques et qui ont laissé des traces dans l'art universel.

Qu'est-ce à dire, sinon que « celui-là seul est homme qui vit la vie de son temps » : l'homme du XXe siècle qui préférerait vivre à une autre époque, en refusant l'art et la culture de son temps, démissionne de sa véritable condition humaine. Il faut assumer son époque, son pays et sa culture : qu'on le veuille ou non, ils sont nôtres. Comment pourrait-il en être autrement ?

LA JUSTICE

"la justice, est la sublimation de la jalousie." FREUD

**Moralité et Justice.
Sommes-nous tous des assassins ?**

« C'est pas juste ! », dit le petit écolier qui dès son plus jeune âge va se plaindre, déjà, de l'injustice de son maître... Ainsi va le monde : les gouvernés se plaignent toujours de l'injustice de leurs chefs, les gouvernants de leurs sujets, les maîtres de leurs esclaves, les femmes de leurs maris, les enfants de leurs parents : lors même que nous avons l'impression d'agir avec la plus grande équité, d'être aussi justes, aussi stricts avec nos enfants, par exemple, ceux-ci ne ressentent-ils pas toujours comme un favoritisme, une préférence, un « chouchoutage » de l'un par rapport à l'autre ?

Cette intuition remonte à nos premières années : toute morale repose sur le sentiment du juste et de l'injuste, du bien et du mal, du droit et du devoir qui s'impose à l'homme. Mais si rien n'est jamais ressenti comme totalement juste (et tout particulièrement les classements, les sélections, les choix) l'impression de l'injustice la plus criante va se faire sentir dans le cas du « partage ». Nous avons tous eu, à un moment ou à un autre, l'occasion de souffrir d'une injustice flagrante : ainsi par exemple, Madeleine Madaule cite le cas suivant : « Quelqu'un nous a donné une part plus petite qu'aux autres dans un goûter. Notre gourmandise a souffert. Mais plus profondément, quelque chose s'est soulevé en nous : la révolte. Il faut bien le dire, si nous n'avions pas été lésés, notre sens de la justice eût peut-être continué à dormir. Mais notre intérêt menacé, nous nous sommes éveillés. Nous avons dit : « C'est injuste... » et si nous avions eu plus de virtuosité d'expression, nous aurions pu ajouter : « C'était mon droit d'avoir le même traitement que les autres ! »

elle ne vous plait pas ma robe ?
LOI
LOI
JUSTICE COMMUTATIVE
moi le pinceau, lui l'échelle
LOI
OUAIS.
JUSTICE DISTRIBUTIVE
JUSTICE RÉPARATRICE
avec toutes mes excuses

Cette révolte spontanée de l'enfant ou de l'adolescent contre une inégalité de régime (deux poids, deux mesures), contre un mauvais partage ou des sanctions inadaptées (trop sévères pour tel élève particulièrement turbulent qui se rend insupportable, trop indulgentes à l'égard du potache sournois, hypocrite et d'apparence si sage, qui a fait en cachette une grosse faute dont les adultes ne se sont pas rendu compte) c'est le signe même de l'impossibilité de faire triompher dans l'esprit des jeunes une attitude morale qui ne soit pas irréprochable. Il n'est pas exagéré de dire que la justice est plus qu'une vertu : c'est « l'ordre du monde, le triomphe de la Raison sur le chaos et la violence ».

De quelle justice est-il question ? Pour le sens commun, la justice c'est essentiellement le domaine des tribunaux, de tout ce qui dépend d'un Ministère qui porte ce nom et qu'il s'agisse de juges d'avocats ou de procureurs, tout est mis dans le même sac : ce sont là « gens de justice » (dans l'ancien régime on aurait dit « gens de robe ») dont le « métier » est de « rendre la justice », faire justice, appliquer la justice de la manière la plus honnête, la plus morale qui soit. C'est donc une justice sociale, on pourrait presque dire « judiciaire », une justice « légale » à bien distinguer de la justice morale. Pour les philosophes, au contraire, la justice est une haute vertu, par définition même irréelle, idéale, intemporelle, transcendante au monde, s'imposant par sa puissance d'irradiation : mais c'est une abstraction, une entité, presque une allégorie. Et quand la sagesse des nations déclare : « La justice n'est pas de ce monde », elle ne fait que reprendre une attitude philosophique très répandue.

Ainsi, par exemple, Platon consacre les dix livres de sa *République* à chercher la justice dans une harmonie des rapports qui tient chaque partie à sa place, dans le monde, dans la cité, dans l'individu. Madeleine Madaule commentant la position platonicienne explique que, grâce à la justice, les mouvements des planètes se relient en un système, les classes sociales remplissent chacune leur rôle (les sages gouvernent la cité, les guerriers la défendent, artisans et paysans satisfont ses besoins). Les fonctions et les vertus s'exercent (sagesse, courage, tempérance) à leur niveau respectif. La République idéale de Platon c'est l'incarnation même de la vertu ; elle sacrifie l'individuel à l'universel, elle s'efforce d'entraîner les hommes vers l'intérêt général, le goût de l'universel, le sens du nécessaire.

COMBAT EX-CEP-TIONNEL !!
la force contre la justice
LUTTE
ZWITCH
BONG!
LA FORCE NE PASSERA PAS !

LES TROIS JUSTICES

Aristote ajoutera au message platonicien, une classification capitale. Il distingue trois sortes de justice :
- La justice commutative, qui est l'égalité absolue (« donnant - donnant ») ;
- la justice distributive, qui consiste à donner à chacun son dû selon une proportion bien précise selon ses besoins, selon ses mérites, selon ses fonctions ;
- la justice réparatrice ou répressive qui distribue des sanctions positives ou négatives « qui sont autant de biens que l'on retire aux condamnés comme le montant d'une amende ou le temps de liberté que dérobe la cellule » (François Heidsieck).

L'idéalisme platonicien part du principe que « le mal le plus grand, c'est pour l'homme qui commet l'injustice, de ne pas en payer la peine ». Ou encore on « paiera la peine de sa faute chez le juge, comme on irait chez le médecin, évitant que l'âme gangrenée sous la cicatrice ne soit rendue incurable ». Pourtant Platon sait bien qu'il existe des hommes injustes, des esprits iniques, cyniques et cruels, pour qui l'« injustice » est une invention de moraliste : le seul problème c'est d'avoir la force ; qui a la force a le droit. A deux reprises, dans la *République* avec Thrasymaque et dans le *Gorgias* avec Calliclès, Platon donne la parole aux défenseurs de l'injustice qui soutiennent « que la nature nous prouve qu'en bonne justice celui qui vaut plus doit l'emporter sur celui qui vaut moins, le capable sur l'incapable... le puissant sur le faible ».

« Bataille ne fait pas droit », disait déjà saint Louis, « Force ne fait pas droit », écrit encore Jean-Jacques Rousseau dans le *Contrat Social,* qui se demande : « Qu'est-ce qu'un droit qui périt quand la force cesse ? »

C'est peut-être Pascal qui a exprimé avec le plus de profondeur ce conflit de la justice et de la force : « La justice sans la force est impuissante ; la force sans la justice est tyrannique. Il faut donc mettre ensemble la justice et la force... La justice est sujette à la dispute, la force est très reconnaissable et sans dispute... Ne pouvant faire que ce qui est juste fût fort, on a fait que ce qui est fort fût juste. Ne pouvant fortifier la justice, on a justifié la force afin que le juste et le fort fussent ensemble et que la paix fût qui est le souverain bien. »

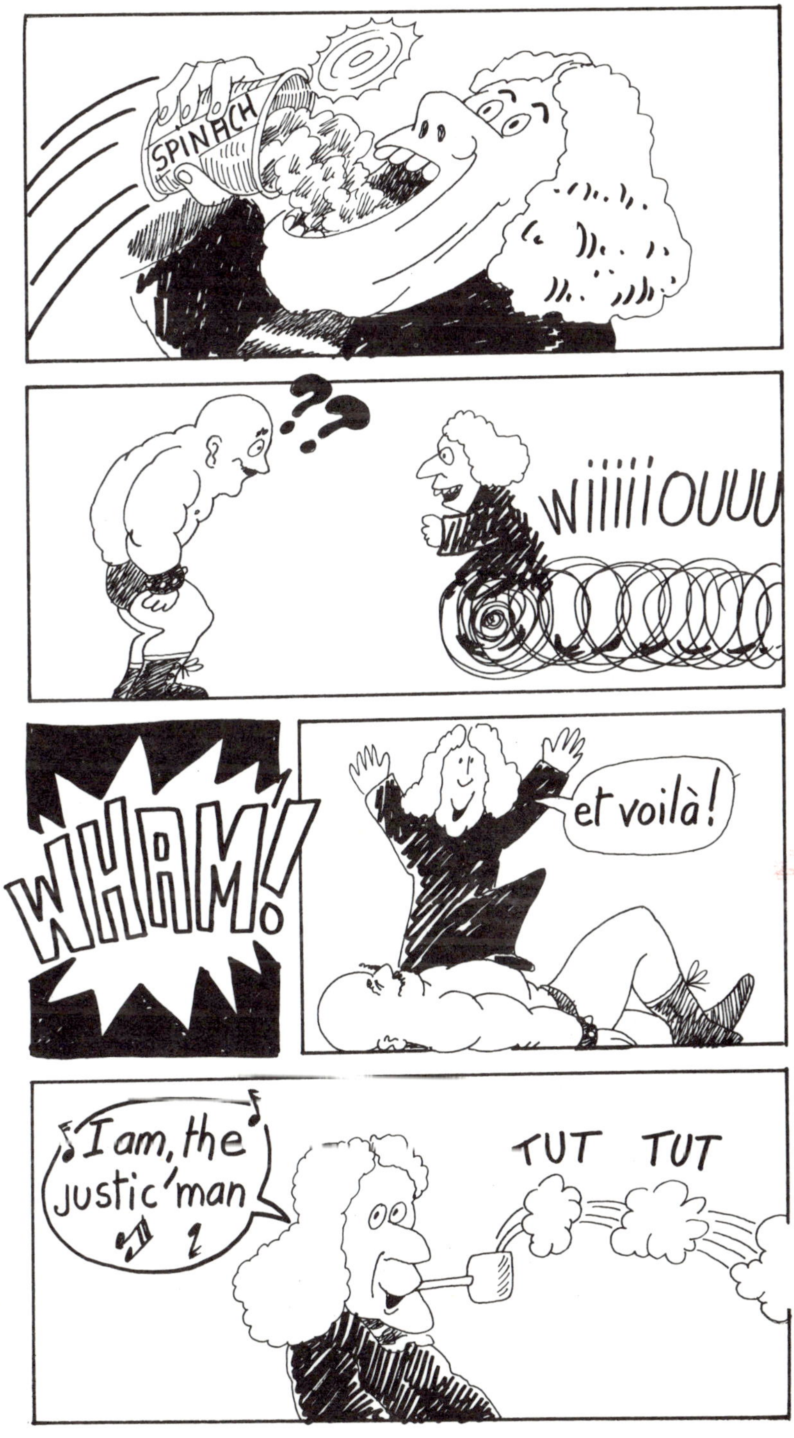
SPINACH
??
WIIIIIOUUU
WHAM!
et voilà !
I am, the justic'man
TUT TUT

LE MARCHAND DE VENISE
mes sous !!
Ben, c'est à dire que voilà, en fait, j'ai un petit problème voilà, vous voyez...
la justice me rendra raison.
VOUS DE-VEZ ZUT VOUS SWIP EX-ECU-POT TER.
CRAC
SCRITCH
Y.39
HONG-KONG

je veux ça,
LÀ
LÀ!
oh, non!
ZIP
SI
SI
LÀ
GO
SCRITCH
CRAC
Y.39
NON!
une bonne livre
bon poids.
Dieu du ciel!
les bateaux!!
chic,
mes sous!
au fond je
préfère ça
ouf! il
y a une
justice

LE MACHIAVÉLISME

De nombreux philosophes ont cru pouvoir faire de la vertu de force, du « droit du plus fort », de la puissance bien réaliste de certains individus (précisément des « hommes forts », des « hommes compétents », des « consciences qui comptent » particulièrement efficaces) l'égale de la justice ou même le plus haut critère de la moralité. Rien n'est plus faux. Le grand philosophe Hegel a eu toute une descendance (qu'on appellera plus tard la droite hegelienne) avec des penseurs comme Jhering ou Stirner, puis en France Georges Sorel (*Réflexions sur la violence*) et en grande partie Charles Maurras, sans parler d'hommes politiques qui ont laissé des écrits théoriques assez nombreux comme Mussolini et Hitler, qui ont tous foulé aux pieds la vieille notion de justice comme étant faible, falote et dépassée.

La justice ? c'est la vertu de la démocratie (comme l'affirmait déjà Montesquieu) : mais précisément, « c'est bon pour le peuple ». Pour une élite, pour des êtres d'exception, pour une petite caste qui cherche à dominer le monde, mieux vaut ne pas se préoccuper de justice et ne privilégier que le succès, la réussite, l'efficacité. D'où des formules comme « le droit c'est la politique de la force » ou « le tigre qui m'attaque a raison et moi qui l'abats, j'ai aussi raison ». Ou encore : « Politique d'abord » (Maurras).

Si la fin justifie les moyens, le mensonge, la cruauté, la dissimulation pourront être de grandes vertus dans le gouvernement d'un État, pensait Machiavel. C'est aussi qu'il partait de l'idée que « les hommes sont ingrats, changeants, dissimulés ». Pour les gouverner, il ne peut être fait usage que de la violence et de la ruse. Le machiavélisme est devenu un nom commun et les gouvernements successifs de différents pays se sont souvent servis des principes et des préceptes du philosophe italien.

Ce n'est pas une raison pour les approuver, ni pour se résigner à cette évidence, à cette solution de renoncement : il y a des voies hors du machiavélisme pour faire triompher la justice et sur ce point la critique faite par Jean-Jacques Rousseau de Machiavel, continue à porter : « Le plus fort n'est jamais assez fort pour être toujours le maître s'il ne transforme sa force en droit et l'obéissance en devoir. » L'idée d'un contrat social qui permettrait aux hommes d'appliquer la justice est une des trouvailles les plus fécondes de Rousseau qui fait triompher le plus grand nombre, même si chaque individu, pris isolément, est plus faible que le plus fort.

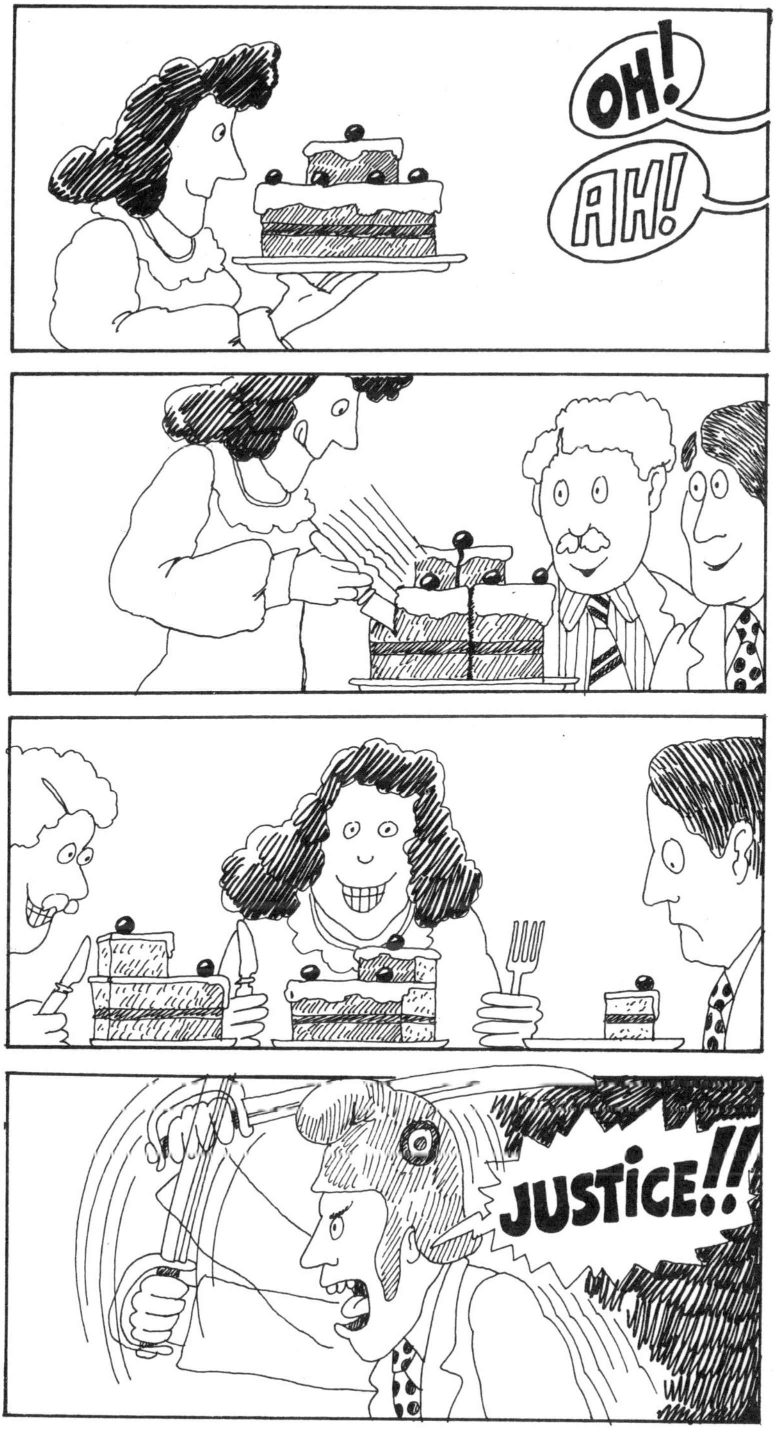
OH!
AH!
JUSTICE!!

Mais la justice ne s'applique pas seulement aux États, aux conditions de vie en société, à la vie sociale, aux relations nationales et internationales. Pour l'individu, la justice est tout aussi importante que pour le pays tout entier. Et ce sentiment très vif du juste doit pouvoir être conforté par des idées, des actes, des exemples qui le renforcent dans sa conception des choses. S'il n'est pas très tenté de vivre selon une loi juste, l'homme simple va se manifester plus facilement comme un ennemi de la justice plutôt que comme un fidèle inconditionnel de la justice absolue. « Être juste — dit Jankélévitch dans son *Traité des Vertus* — si c'est n'être que juste, c'est comme un habit qui habille juste et fait par suite étriqué et mesquin. La justice économe habille juste sans nul battement ni bavure, ni marge de sécurité. »

La justice est-elle en effet toujours juste ? Un célèbre adage latin nous dit « summum jus summa injuria » (la plus grande justice, la plus grande injustice). A vouloir aller trop loin dans l'application à la lettre d'une justice trop humaine mais théoriquement parfaite, on devient profondément injuste. L'exemple le plus célèbre est celui de la pièce de Shakespeare, *Le Marchand de Venise*. On sait, en effet, que Shylock — le héros de la pièce — a signé un contrat avec son voisin aux termes duquel s'il n'était pas remboursé de sa créance en temps voulu, il aurait droit en réparation à une livre de chair humaine prise où et comme il voudrait sur sa personne. Le jour fatidique de l'expiration du délai arrive : la plus grande justice voudrait donc que Shylock puisse découper la livre de chair qui lui revient. Mais ce serait injuste pour l'armateur vénitien dont tous les bateaux ont coulé ou se sont perdus, ou sont en quarantaine dans le port de Venise. Il ne peut honorer sa parole mais il n'est pas responsable de ce qui lui arrive. C'est donc le moment ou jamais de faire appel à la justice humaine, à une compréhension tolérante, à une générosité de cœur, qui par définition sera plus juste que l'iniquité d'un jugement froid, rendu par des hommes-robots dont les sentiments n'auront pas été les moteurs ou inspirateurs du verdict.

la charité ma bonne dame
ce n'est que justice, ma pauvre amie
!!!
la charité madame
ENCORE ! DE LA JUSTICE, ENCORE LA ROBE ! LA ROBE !...

Il y a donc souvent rencontre, conflit ou dépassement entre la justice et la charité. La charité consiste précisément à s'imposer pour corriger la justice dans ce qu'elle a d'injuste ou d'implacable. Pour combler les trous, de la justice, pour arrondir les angles de la justice. Car elle est souvent trop raide, la vertueuse justice. D'une rectitude, d'une exactitude souvent mathématique, d'une sévérité inflexible, incorruptible. C'est beau la justice mais c'est souvent inapplicable au réel, inadaptable aux hommes : là où la justice devient inopérante, la charité fait merveille. C'est ce qu'on appelle aussi parfois la « grâce ».

Au « Ministère » de la « Justice », il existe un « bureau » de la « charité ». C'est la commission des Grâces. On peut par une clémence, une sympathie, une compréhension très humaine, dépasser la justice en gratiant le coupable. « A tout péché miséricorde. » C'est ce qui se passe d'ailleurs dans le cas *du Marchand de Venise*. On ne l'autorisera pas, finalement, à prendre sur le vif sa livre de chair humaine, mais les bateaux de son débiteur arriveront à point nommé pour qu'il rentre dans ses fonds et ne soit pas lésé. C'est d'ailleurs la devise du philosophe Schopenhauer et également sa définition de la justice : « Ne lèse personne, ne fais de tort à personne. » Et la justice apparaît, bien souvent, comme plutôt négative que positive. Être juste ? c'est ne pas léser, ne pas voler, ne pas tuer, ne pas nuire à autrui.

La charité, au contraire, c'est la bienfaisance : c'est faire le bien ; or, faire le bien, c'est très positif, très constructif. La charité apporte un plus, une bonification, un supplément d'humanité, de bonté, de générosité. Saint Paul disait : « La charité est patiente, elle est bonne ; elle n'est pas envieuse ni inconsidérée ; elle ne s'enfle pas d'orgueil ; elle ne cherche pas son intérêt ; elle ne prend pas plaisir à l'injustice. Elle espère et supporte tout. »

A la question qu'on peut se poser de savoir si « cet amour du genre humain » qu'est la charité doit être en définitive placé au-dessus de la justice, on peut apporter une réponse claire et précise : la charité quelles que soient ses vertus, ses supériorités apparentes, ne doit jamais être placée au-dessus de la justice ; car il n'y a rien au-dessus de la justice ; on ne doit pas faire plus que la justice. Pas plus que l'on ne doit chercher à faire plus que son devoir : « Faire plus que son devoir ? Mais c'est impossible car notre devoir n'a d'autre limite que notre pouvoir. »

LE LANGAGE ET LA PENSÉE

l'homme est un locuteur.

LÉVI-STRAUSS

Peut-on penser sans langage ?

Dans un ouvrage intitulé *La Parole*, le philosophe contemporain, Georges Gusdorf, raconte l'anecdote suivante, qu'il situe au XVIIIe siècle, dans le Jardin des Plantes tout neuf qui vient à peine d'être inauguré. Un chimpanzé déambule, dressé sur ses pattes de derrière, dans une attitude particulièrement humaine qui fait furieusement penser à saint Jean Baptiste prêchant dans le désert. La ressemblance avec un homme est si frappante que le cardinal-duc de Rohan, tombé en arrêt devant cet anthropoïde,

lui aurait crié tout à trac : « Parle ! Et je te baptise ! »
Mais voilà : le langage est le Rubicon qu'aucun animal ne franchira jamais. Depuis l'Antiquité, presque tous les philosophes n'ont pas manqué de souligner que le langage était le critère de distinction absolu entre l'homme et l'animal. Ainsi, même si les animaux étaient doués d'intelligence, même s'ils étaient capables d'un raisonnement, aussi primaire fût-il, du moins leur manquerait-il toujours cette faculté, sans laquelle l'intelligence n'est rien : le langage.

LE LANGAGE ANIMAL

Pourtant cette position philosophique soutenue par Descartes lui-même, semble aujoud'hui battue en brèche par de bons esprits scientifiques. On accordait déjà à certaines espèces animales, comme les fourmis ou les termites, la capacité de vivre en société ; mais, depuis les travaux du célèbre zoologiste Karl von Frisch (1), on peut se demander si les abeilles ne possèdent pas, en réalité, comme un embryon de langage : ses expériences ont en effet montré qu'une abeille ayant repéré une fleur à butiner,

(1) Prix Nobel de médecine, 1973.

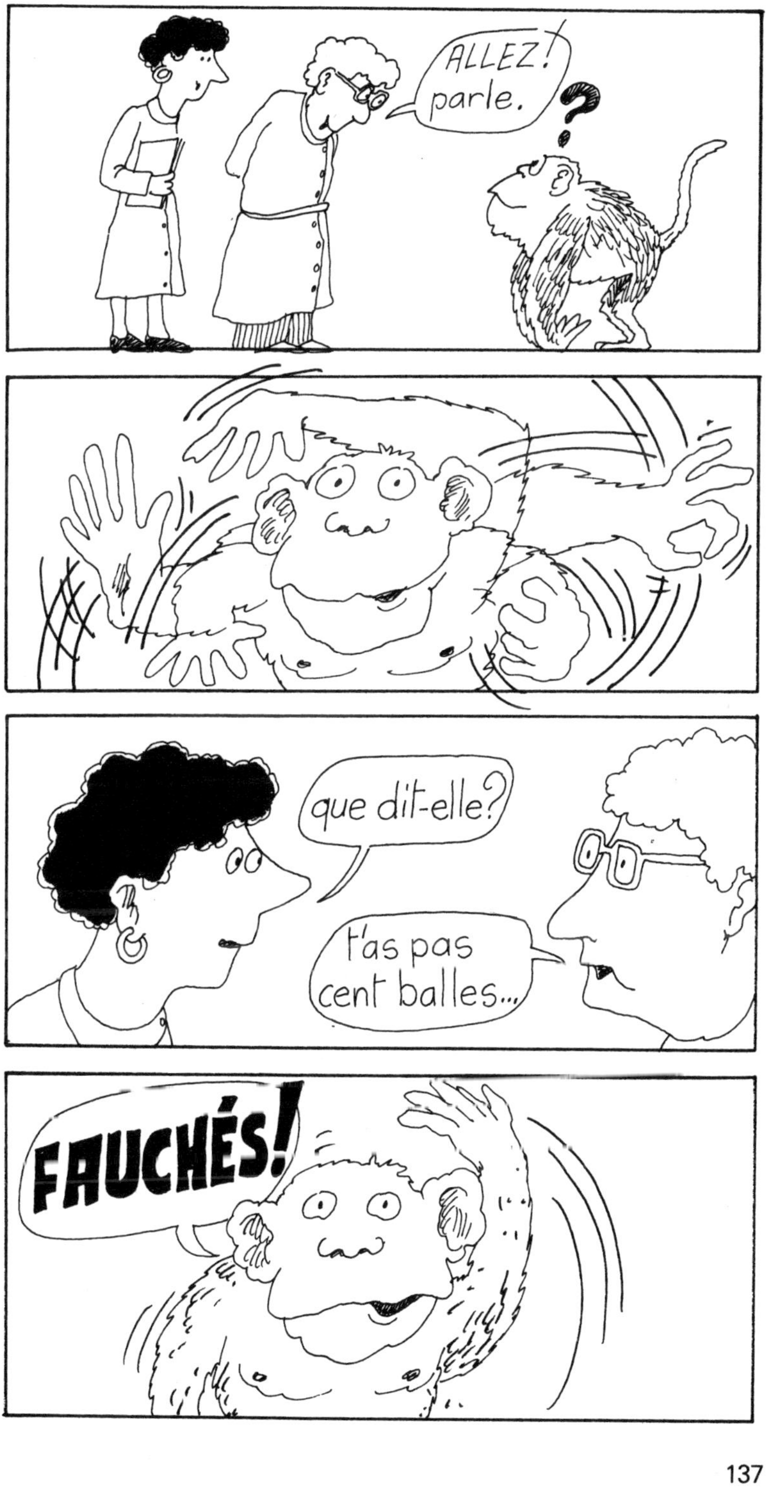
ALLEZ! parle.
?
que dit-elle?
t'as pas cent balles...
FAUCHÉS!

revient alors à la ruche pour prévenir ses compagnes du lieu précis de la fleur ; pour transmettre ce « message », elle opère une certaine danse, en forme de huit, par laquelle elle indique la direction exacte et la distance précise du butin (il ne peut s'agir d'instinct, car si l'on déplace entre-temps la fleur visée, les abeilles se rendront néanmoins à l'endroit indiqué par l'abeille « informatrice »).

Les linguistes eurent beau jeu de montrer que, malgré tout, il demeurait entre cette forme de langage primaire des abeilles et celle plus complexe du langage humain, des différences fondamentales : absence d'apprentissage, impossibilité de dialogue, etc. Pourtant le premier coup sérieux venait d'être porté contre la thèse de la spécificité du langage humain et d'autres expériences encore plus « troublantes » allaient être rapidement entreprises.

Le dauphin, par exemple, semblait présenter des dispositions particulières pour le langage ; mais c'est une guenon américaine qui porta, semble-t-il, le coup le plus décisif en faveur de la possibilité du langage animal.

Deux chercheurs de l'université de Nevada entreprirent d'enseigner à une jeune guenon, nommée Waschoe, le langage des sourds-muets : assez rapidement, l'animal acquit la connaissance d'une centaine de signes ; elle s'avéra capable, notamment, d'enchaîner les signes entre eux pour former des propositions traduisant, par exemple, l'idée : « Allons nous promener au jardin pour cueillir des pommes. » Mais, phénomène encore plus remarquable et qui défie toutes les critiques des linguistes, l'animal serait actuellement en passe de pouvoir transmettre son « savoir » linguistique à deux autres chimpanzés. La thèse du mutisme total de l'animal, de son incapacité à pouvoir parler, semble donc désormais dépassée. Mais, en réalité, n'est-ce pas un aspect mineur de la prodigieuse richesse du langage ? Que l'animal parle ou non, le langage reste la caractéristique fondamentale du génie humain, le véhicule indispensable de sa pensée.

Il est si vrai de dire que le langage est la marque de l'homme, que les ethnologues contemporains, comme Claude Levi-Strauss, n'hésitent plus à proposer une nouvelle définition de l'homme ; après l'avoir longtemps considéré comme un artisan, un technicien, ils le jugent désormais comme un **« locuteur »**. Levi-Strauss

BWAA*!
*la vie n'est pas un roman!
un cloporte accorte et libidineux, descendait l'escalier qui menait à l'évier de son pas lourd et calme comme ceux portant les palmes – cherchait le cocotier.
la prééminence différentielle et proportionnelle aux considérations intrinsèques, inhérentes à la conjoncture, sont quantitativement sublimées par la topographie.

écrit d'ailleurs : « On a défini l'homme comme « homo faber », fabricateur d'outils, en voyant dans ce caractère la marque même de la culture. J'avoue que je ne suis pas d'accord et que l'un de mes buts essentiels a toujours été de placer la ligne de démarcation entre nature et culture, non dans l'outillage mais dans le langage... Le langage m'apparaît comme le fait culturel par excellence, l'instrument essentiel, le moyen privilégié par lequel nous assimilons la culture de notre groupe. Un enfant apprend la culture parce qu'on lui parle : on le réprimande, on l'exhorte. Et tout cela se fait avec des mots... »

Cette idée rejoint, sans doute, la pensée la plus classique des philosophes qui définissent l'homme comme un animal pensant, un être dont la principale « faculté » serait la raison, l'intelligence, l'esprit : l'homme ne serait alors véritablement homme qu'à partir du moment où il saurait parler, c'est-à-dire transmettre à autrui le fond de sa pensée. « Exprimer et être ne font qu'un » dit Jean-Paul Sartre. De fait, il semble qu'il y ait, avec la notion de langage, comme l'esquisse de l'essence de l'homme. Du « Je suis ce que je dis » de Heidegger, au « Qui saurait tout le langage, saurait tout l'homme » d'Alain, c'est la même idée d'une étroite communion du langage et de la pensée qui est affirmée : mais, pourtant, peut-on légitimement soutenir que le langage n'est rien d'autre que de la pensée matérialisée, ou encore, qu'il n'y ait pas d'autre pensée que celle qu'on exprime ? Certains philosophes n'ont pas hésité, pour leur part, à soutenir la thèse que toute expression de langage est une trahison de notre pensée profonde, et donc que parler c'est nécessairement mentir.

Pour eux, la pensée, phénomène entièrement intérieur, serait en quelque sorte défigurée dès le moment où nous accepterions de la communiquer, d'en faire part à autrui ; ramenée à la simple intuition, comme un éclair insaisissable, la pensée serait notre propriété privée que le langage violerait sans cesse. Mais n'est-ce pas là l'exemple même d'un faux problème, dans la mesure où, de cette pensée, nous ne pourrions jamais rien dire, ni jamais témoigner ? Et, dans ce cas, ne faut-il pas se ranger bien vite derrière l'affirmation catégorique de Merleau-Ponty, quand il écrit : « La pensée n'a rien d'intérieur ; elle n'existe pas hors du monde et des mots. »

Contre la belle assurance de Merleau-Ponty, on peut se référer à deux attitudes possibles : l'une consisterait à montrer qu'il existe des langages sans message, des paroles sans sens, des

RAAAHHHHH!!!
WHAM
GRRRRRR!
SOCK
HUNGAA!!!
si on causait un peu?...non?...
ouais!

sons « insensés » ; ou, au contraire, on pourrait affirmer l'existence d'une pensée muette, de messages inaudibles, d'idées « sans parole » comme il y a des « images sans parole ».

Le très jeune enfant nous invite à soutenir la première hypothèse : on parle ainsi d'« écholalie » chez le bébé dont l'apprentissage du langage se situe normalement vers quinze mois (de neuf à quinze mois on parlera de « l'âge du chimpanzé », c'est-à-dire, précisément de la période anté-locutoire) : à travers ce phénomène de répétition automatique des sons émis par un tiers, sans comprendre leur sens réel, on prend conscience du caractère ludique (de « jeu ») que peut présenter le langage pour l'enfant ; il ne le perçoit pas d'abord comme un processus signifiant, mais comme un moyen de faire du « bruit », comme une façon de s'amuser : il « joue à parler ». Par-delà l'aspect primitif du langage sans signification du bébé, on peut, sans doute, imaginer une utilisation irrationnelle du langage : de même que les surréalistes avaient inventé une « écriture automatique », de même on peut penser qu'il existe un langage automatique, qui ne prend de sens que par l'écoute qu'on lui accorde, qui n'a pas de sens a priori, mais qui s'en voit conférer a posteriori par la seule musicalité qu'il évoque.

Par ailleurs, le langage sans signification peut revêtir une forme plus classique et dont les expressions populaires de « bla-bla-bla », ou de « bouillie de chat » témoignent : il ne s'agirait pas alors d'une parole trop difficile à comprendre, mais d'un trouble du langage qui serait le propre de quelques grands esprits qui « perdraient les pédales » : ces hommes sombreraient dans du délire verbal, une « logomachie », une « logorrhée » (sorte de diarrhée verbale) ; suite de paroles sans logique, succession d'énoncés sans cohérence, cette maladie débouche sur un certain verbalisme, un certain verbiage : incapable de rattacher une « idée claire et distincte » à la proposition qu'il avance, cet « homo loquens » perd petit à petit son caractère d'homme, son intelligence : car, en réalité, ce n'est pas tant un trouble du langage qu'un dysfonctionnement de l'esprit.

PENSÉE SANS LANGAGE

A l'opposé, nous trouvons des pensées muettes ; paraphrasant l'expression populaire, « les grandes douleurs sont muettes », cette conception soutient que les grandes pensées sont muettes ; nous avons déjà vu qu'il était difficile de croire qu'une pensée

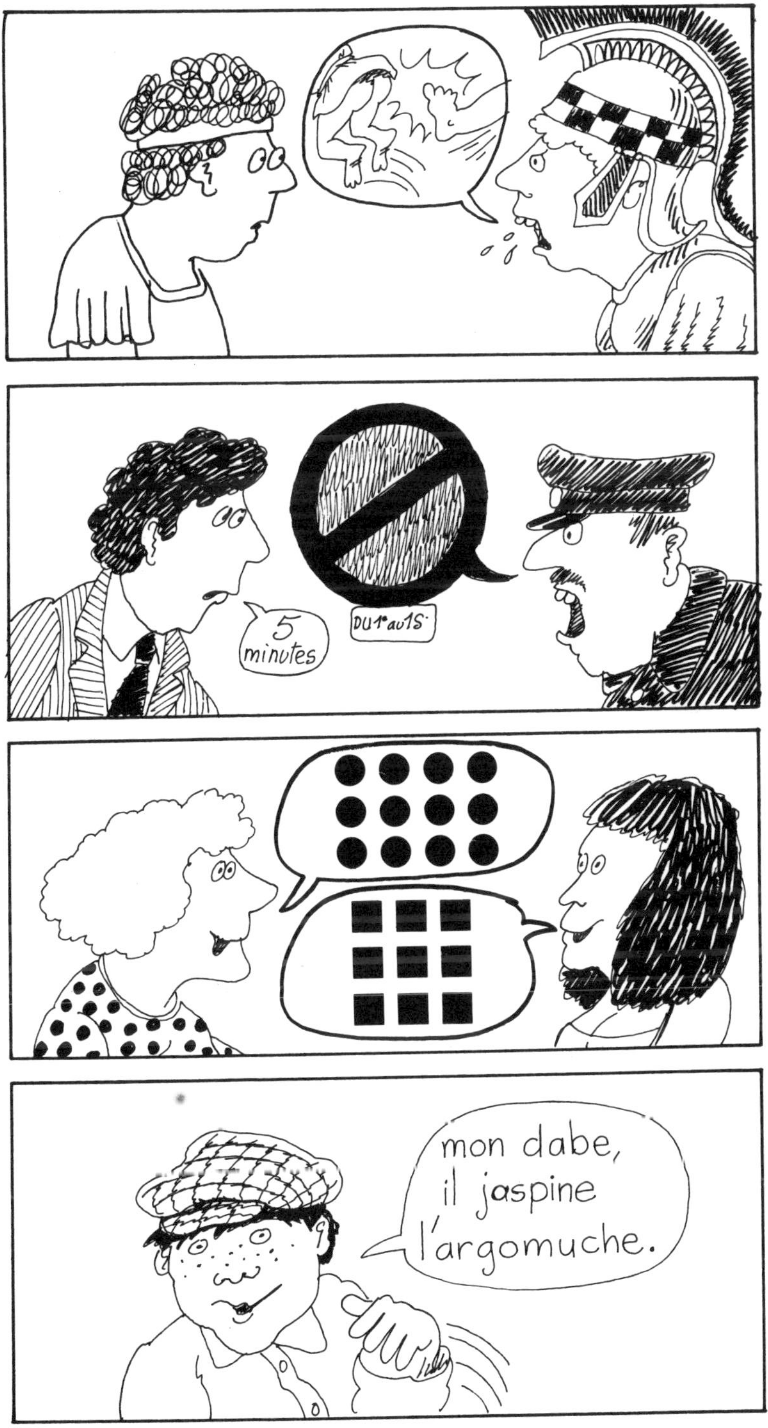
5 minutes
DU 1er au 15
mon dabe, il jaspine l'argomuche.

puisse exister à l'état caché, comme enfouie en nous-mêmes sans avoir à s'extérioriser. Mais l'aphasie, ou perte du langage, n'est pas sans poser de graves problèmes : l'aphasique ne parle plus ; est-ce à dire qu'il ne pense plus ? Roman Jakobson a bien montré, dans son *Essai de linguistique générale,* qu'à la base de toute aphasie, il y avait un trouble psychique ; ainsi, la perte du langage serait d'abord perte de la faculté de penser. Mais l'intérêt pour le linguiste de se pencher sur le problème de l'aphasie, c'est que ce phénomène reproduit à l'envers celui de l'acquisition du langage : l'homme perd la parole comme, petit enfant, il l'avait apprise. Autrement dit, il y aurait, dans l'aphasie, comme une déconstruction du langage par laquelle l'individu aphasique supprimerait progressivement les opérations de construction de la langue ; l'impossibilité de traduire en paroles claires sa propre pensée viendrait, en quelque sorte, d'une régression primaire vers un état de non-parole, le mutisme étant ainsi le contraire du discours construit. L'analyse d'un phénomène linguistique comme l'aphasie, qui trouve son fondement profond dans un trouble psychique, nous fait déjà comprendre que la linguistique ne peut se passer dans ses développements du concours de la psychanalyse ; mais avant de montrer comment ces deux disciplines peuvent marcher ensemble, il convient de rappeler comment la linguistique, elle-même, a pu se constituer.

Pendant très longtemps, les philosophes n'ont envisagé l'étude du langage que d'un point de vue historique : il s'agissait alors de déterminer l'origine du langage en tentant de reconstituer les raisons pour lesquelles les hommes avaient eu besoin, à un moment donné, de parler ; on tentait ainsi de se représenter un état primitif dans lequel les hommes, individus sans contact ni échange, avaient éprouvé (brusquement ou progressivement) la nécessité de communiquer ; et, bien que des philosophes aussi célèbres que Rousseau se soient attelés à cette classe de récits, on peut dire que les résultats auxquels on parvenait par ce genre de méthode pouvaient avoir un intérêt pour l'histoire, mais négligeaient l'étude du langage (cette conception de l'origine du langage se fit d'ailleurs tant d'ennemis que la Société linguistique de Paris décida d'interdire, lors de ses séances, toute communication sur ce thème...).

Il revint au grand linguiste suisse, Ferdinand de Saussure, le mérite d'adopter un autre point de vue en matière d'étude du langage.

oh! le joli chienchien, il ne lui manque que la parole
Vaut mieux pas si tu savais ce que je te dirais

combien de sucre?
un et demi, merci.

hé! les filles j'ai repéré des fleurs par-là, bourrées à craquer

GE!

Saussure décida d'abord d'établir une distinction entre trois mots que l'on confondait souvent : le langage, la langue, la parole.

Par langage, il entendait tout système de signes permettant la communication : cette définition a ouvert la voie à bien des disciplines comme la sémiologie ; en effet, en considérant que le signe (du grec « semeion ») est l'élément premier de toute communication, Saussure introduisait l'idée que d'autres systèmes « signifiants » pouvaient être envisagés et étudiés (le code de la route est, par exemple, un système de signes signifiants) ; la langue, à la différence du langage, est un système collectif qui suppose un accord, une sorte de contrat entre des gens d'une même communauté : c'est, en ce sens, que nous pouvons parler de langue nationale, établissant des différences entre le français et l'anglais (on peut même remonter plus loin dans le temps et établir des différences entre des langues d'origine indo-européenne, comme le français, et des langues d'origine celtique, comme le breton) ; enfin, Saussure voyait dans la parole, l'acte strictement **individuel,** par lequel un homme, un individu, utilisait sa langue pour communiquer à autrui le sens de sa pensée.

Si Saussure put parvenir à constituer une science du langage, c'est qu'il refusa d'étudier le langage comme un phénomène strictement historique et qu'il chercha à dégager une cohérence interne à chaque système de signes, s'attachant à mettre en lumière la logique profonde de chaque langue : ce refus de la « diachronie » (étude dans le temps, à travers le temps) l'amena donc à privilégier l'étude synchronique (analyse d'un système à un moment donné) et, du même coup, détermina les deux grands axes de la linguistique contemporaine : linguistique synchronique et linguistique diachronique.

Ainsi, Saussure privilégiait, dans chaque langue, la logique interne du système, logique qui existe quel que soit le « niveau » de la langue. Même l'argot, langue populaire par excellence, possède une logique que l'on peut retracer.

L'étude de l'argot montre que cette langue se sert d'expressions directes, grossières, voire ordurières, mais aussi qu'il s'agit d'une langue de la misère, des mal nourris, des mal lavés et des mal vêtus qui ont, par exemple, des dizaines de mots pour exprimer l'idée de sentir mauvais où l'on utilisera tout à la fois le mot « puer », « cocoter », « cogner », « repousser », « schlinguer »...

André Vergez cite à ce propos Pierre Guiraud, dont l'ouvrage

il ne se contente pas de jacter comme un arnaqueur, mais en plus il schlingue des arpions.
il eût fallu pour que je parlasse avec des mots choisis que je pusse les entendre.
que dit petit bison?
il dit que c'est son dernier message, car il n'a plus de bois.

L'Argot montre fort bien que « c'est encore la langue des truands, très riche pour désigner les divers délits (le vol à la tire ou « vannage », l'effraction ou « casse », l'« arnaque » tricherie au jeu, la « carambouille », vente de marchandises volées, etc.). C'est enfin la langue de gens qui cherchent à dissimuler leur délinquance ; d'où la forme cryptologique, l'usage de « clefs » plus ou moins complexes, de codes divers pour déformer le langage et le rendre secret (par exemple le « largonji » de Vidocq, codage du mot « jargon » ; un « lacsé » est un sac, un billet de mille anciens francs ; en « loucedoc » pour « en douce », et dans les codes en « N », un « nardu » c'est un « quart », c'est-à-dire un commissaire de police).

Mais si Saussure avait su répondre à la question : « Qu'est-ce qu'un langage ? », il fallait aussi se demander comment on parle. Roman Jakobson, écrit à ce propos : « Tout acte de parole met en jeu un message et quatre éléments qui lui sont liés : l'émetteur, le receveur, le thème du message et le code utilisé. »

Parler consiste un peu à jouer à un jeu de code, une sorte de morse institué au niveau d'une nation, d'un peuple ; la parole a beau être un acte strictement individuel, elle suppose nécessairement, pour qu'il y ait échange de sens, pour qu'il y ait communication, que le code utilisé par l'émetteur soit connu et même, dans bien des cas, reconnu par le récepteur, par celui qui a le devoir de « décrypter » le message ; on comprend ainsi que le langage puisse être souvent une barrière, un fossé entre les individus. S'il n'y a pas une langue, mais des langues, si chaque groupe de personnes (profession, classe sociale, etc.) utilise une langue qui lui est propre, personnelle, et dont le sens n'est pas immédiatement évident, on comprend que la communication, le décryptage des messages soient souvent impossible : c'est à partir de ces difficultés de communication, de cette incommunicabilité linguistique qu'a germé, dès le XVIIIe siècle, l'idée d'une langue universelle, commune à tous les hommes, et dont « l'esperanto » est, aujourd'hui, la forme la plus élaborée, même si sa diffusion universelle est peu avancée.

mon rêve, c'est une petite maison bleue avec des portes roses,
HUM
et puis des fleurs, plein de fleurs, et... ...et un gros chien
HUM
oui, oui, je vois, en fait vous cherchez à compenser un manque d'affection maternelle, vous êtes amoureux d'elle.
mais certainement cher professeur
mais où va-t-il chercher tout ça?!

Mais les différences de langues ne sont pas les seuls obstacles à la communication : car ce qui est en jeu dans la parole, dans la langue, c'est d'abord un individu qui parle et qui reproduit dans son « discours » tous les problèmes qu'il éprouve. La psychanalyse a bien relevé l'importance du rôle de la parole comme révélatrice des problèmes de l'individu, elle qui ne se sert, comme seul matériau de travail, que de la parole du patient. Le linguiste Benveniste avait remarqué cette relation de la parole et de la personnalité quand il écrivait : « La langue fournit l'instrument d'un discours où la personnalité du sujet se délivre et se crée, atteint l'autre et se fait reconnaître par lui. »

Ainsi, paraphrasant Freud qui disait que « le rêve est la voie royale de l'inconscient », nous pouvons dire qu'en fait, c'est la parole qui est la voie « impériale » de l'inconscient. Car, plus encore que nos actes manqués, ce sont nos « paroles manquées » qui prennent le plus d'importance quand on veut interpréter notre pensée profonde : le lapsus, « la langue qui fourche » sont autant d'indices qui nous permettent de savoir que nous ne pouvions dire ce que nous voulions vraiment dire mais que notre inconscient nous empêche d'avouer ; par ailleurs, ces énoncés particuliers que sont les mots d'esprit, les « petites histoires », les astuces sont autant de masques dont notre inconscient se sert pour dissimuler à autrui sa véritable pensée.

« L'inconscient est structuré comme un langage », dit le docteur J. Lacan, soulignant par là qu'on peut constater une identité de structure entre l'inconscient et le langage ; on pourrait ajouter que c'est le langage qui structure l'inconscient, qui impose, sa structure à l'inconscient.

Cette idée du langage comme structure, et même, en un sens, comme modèle de toute structure, est à la source de ce courant de la philosophie contemporaine que l'on appelle le **structuralisme** : certes, le structuralisme ne s'est pas borné à l'étude du langage. Son influence trouva des échos dans des domaines aussi divers que l'ethnologie avec Cl. Lévi-Strauss, l'économie politique avec L. Althusser, la psychanalyse avec J. Lacan, et l'épistémologie avec Michel Foucault.

Pourtant cette diversité dans l'application ne doit pas dissimuler que la source commune à tout structuralisme reste le langage, pris comme modèle de tout système de signes. Ce que le structuralisme a su repérer dans le langage, c'est son organisation, sa logique, sa cohérence, en un mot sa forme : c'est le for-

Firmin! allez au marché acheter ce qu'il-y-a de meilleur pour le dîner
bien Mr Esope
PLUSTARD
qu'est ce que c'est?
de la langue maître.
alors, allez me chercher ce qu'il-y-a de pire.
oui maître
PLUS TARD.
voila.
mais c'est encore de la langue!!!
bien sur maître!

malisme du langage qui l'a, en réalité, chargé d'une mission exemplaire ; le discours devenait ainsi un modèle à recopier, un exemple à suivre pour étudier d'autres systèmes de signes (pour ne prendre qu'un exemple, alors que la linguistique avait posé comme élément premier et le plus simple de tout énoncé, le mot, ou **morphème**, l'ethnologue crut possible de voir dans l'étude des mythes l'équivalent de ce mot à travers le mythe le plus simple, et le baptisa du terme, **mythème**).

Si l'étude du langage, la linguistique, proprement dite, a ouvert la voie à de nouvelles théories philosophiques et logiques, elle a aussi permis la création de sciences nouvelles, comme la sémiologie et la sémiotique, qui se donnent comme perspective de dégager le sens des signes, en produisant une théorie du signe, c'est-à-dire, en pensant pouvoir reconstituer une syntaxe des signes, verbaux ou non. A partir de là, la sémiologie se veut nécessairement pluridisciplinaire et ne se refuse à l'interprétation d'aucun signe : elle se livre aussi bien à l'étude de la musique que de la peinture, du cinéma que du théâtre.

Mais elle ne dispose que d'une autonomie très relative, vis-à-vis de sa matrice qu'est la linguistique ; en utilisant ses acquis, ses méthodes, ses résultats essentiels, la sémiologie, bien qu'elle puisse envisager — vu l'ampleur de son champ d'application — de s'incorporer la science du langage comme celle d'un système de signes particuliers, est, aujourd'hui encore, tributaire et redevable de l'apport linguistique.

Langue parlée, langue écrite ; signe intérieur, signe extérieur, le langage est devenu la pierre de touche de toute la réflexion contemporaine : véhicule de toutes nos pensées, fussent-elles les plus cachées, le langage constitue aujourd'hui le cadre de notre civilisation audio-visuelle. A tel point d'ailleurs qu'on pourrait parler d'un « impérialisme de la langue », d'« un pouvoir du discours » car il est désormais clair que, comme le dit Benveniste, « c'est ce qu'on peut dire qui délimite et organise ce qu'on peut penser ».

LA MORT

"philosopher c'est apprendre à mourir"
Montaigne

Existe-t-il une espérance au-delà de la vie ?

« Que philosopher, c'est apprendre à mourir » : cette pensée de Montaigne, si souvent citée, définit à la fois la grandeur et les limites de la philosophie ; c'est en effet le premier devoir du philosophe que d'apprendre à bien mourir. S'il ne doit pas au cours des derniers moments de son existence assumer pleinement le passage de vie à trépas, c'est à désespérer de l'utilité pratique de la méditation philosophique ! L'apprentissage de la sagesse apparaît comme liée à cette conception de la résignation devant la mort, du renoncement à tout ce qui faisait les plaisirs et les charmes de la vie terrestre, de l'abandon des honneurs,

153

des vanités de ce monde, au profit d'une sérénité parfaite pour aborder l'au-delà. C'est d'ailleurs la plus grande différence entre les philosophes et les non-philosophes.

Les non-philosophes pourront, à bon droit, se défendre de devoir « bien mourir ». Le fabuliste nous a laissé l'image d'un bûcheron appelant la mort pour la refuser dès qu'elle apparaît devant lui et du centenaire plantant des arbres comme s'il devait encore vivre cinquante années de plus ; tous deux vont « gémir, pleurer, prier » et se comporter avec la lâcheté d'une « jeune captive » :

« Je ne veux pas mourir encore... »

L'attitude des philosophes devant la mort est diamétralement opposée à celle du sens commun : pour eux, il sera naturel, normal, nécessaire, de se résigner et d'assumer courageusement un destin inévitable. Le romancier russe Boris Pasternak a dit par exemple que « toute philosophie se présente comme un immense effort pour surmonter le problème de la mort et de la destinée ». Rien n'est plus significatif à cet égard que ces dernières paroles (Victor Hugo employait l'expression latine *Ultima verba*) prononcées par les grands penseurs de l'humanité au tout dernier moment. La palme en revient peut-être au philosophe Fontenelle

Tu sais, Marcel, il est mort, c'était affreux à voir...
NE PARLE PAS DE LA MORT, ÇA PORTE MAL'HEUR.
... les yeux grands ouverts avec ses pauvres mains crispées sur les draps...
arrête arrête!
... et puis il était tout bleu avec
NON!!! NON!
RAAAAH!!! mon cœur!
hé! MAX!?

qui, mourant centenaire, répondit à son entourage qui lui demandait :
— « Que ressentez-vous donc ?
— Une difficulté d'être... »

On se trouve donc en présence d'une masse de « mortels », effrayés par l'idée même de la mort et par une toute petite élite de penseurs pour qui la mort apparaît comme un thème central donnant lieu à des « variations » ou à des méditations modulées à l'infini, avec deux pôles bien clairement opposés, l'angoisse, le désespoir des philosophies « humanistes », qui craignent la fin de l'existence en témoignant d'une inquiétude permanente devant la mort — et la joie, la sérénité de philosophies pour lesquelles il existe une espérance authentique au-delà de la vie. Quand La Rochefoucauld écrit : « Le soleil ni la mort ne se peuvent regarder en face », il trace une ligne de démarcation entre ceux qui n'ont pas peur de mourir et l'immense foule des existants, perpétuellement obsédés par la crainte pusillanime d'un décès prématuré.

Dire que les hommes « ne pensent qu'à ça » paraît donc largement justifié, étant bien entendu que ce peut être ou l'amour (Eros) ou la mort (Thanatos) : la pensée de la mort reste l'obsession permanente des quatre cinquièmes de l'humanité. Mais la grande originalité de notre époque (depuis environ une cinquantaine d'années) c'est l'occultation de la mort dont la place est volontairement diminuée — cachée voire totalement supprimée — dans la civilisation contemporaine. « La mort est en passe de devenir un sujet tabou » dit André Vergez. Dans les pays industriels développés « il semble qu'on refuse de plus en plus de parler de la mort, d'y penser... Le deuil est escamoté (l'habit de deuil autrefois de règle devient facultatif), les tombes moins souvent visitées et fleuries. La période d'interdits qui suivait la mort (s'abstenir des spectacles, des dîners, des fêtes) est raccourcie. On ne meurt presque plus chez soi, entouré des membres de sa famille et de ses amis ; mais on meurt à l'hôpital, comme à la sauvette, et caché de tous sinon des « professionnels de la mort », médecins et infirmières, puis entrepreneur des pompes funèbres qui organisent l'avant et l'après-mort pour le meilleur confort des survivants. » (idem)

MAIS QU'EST-CE AU JUSTE QUE LA MORT ?

Pour les biologistes, la définition n'a guère évolué depuis ces deux cents dernières années. Quand Xavier Bichat définissait

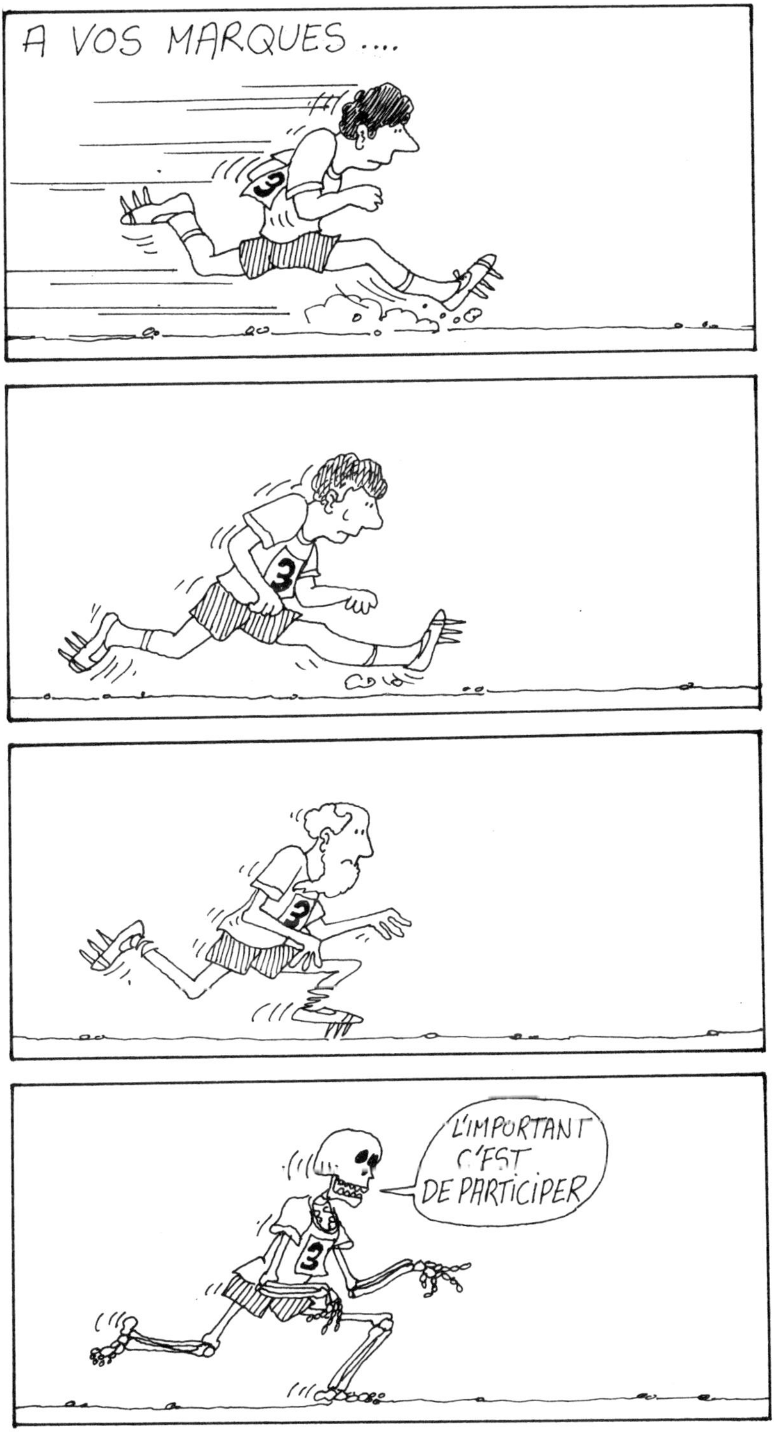
A VOS MARQUES ....
L'IMPORTANT C'EST DE PARTICIPER

tout simplement la vie : « l'ensemble des fonctions qui résistent à la mort », il donnait, au rebours, pour l'essence de la mort la cessation de la vie. Mais pour le philosophe on peut se demander très exactement quand ces fonctions se sont arrêtées. On sait, par exemple, que le cadavre peut encore, plusieurs jours après la mort d'un individu, comporter des manifestations physiologiques telles que ongles, poils, cheveux continuant à pousser. L'électrocardiogramme totalement plat est un des meilleurs critères physiologiques de la mort ; mais dans cet **organisme** où le sang n'irriguera plus les tissus, un certain nombre d'**organes** vivront encore quelques instants : les greffes se font à partir de la mort d'un homme accidenté ou exécuté : il arrive souvent que ces organes ne soient pas encore lésés alors même que l'être humain était considéré comme décédé.

L'attitude philosophique à l'égard de la mort a été définie par le grand poète latin Lucrèce, lui-même disciple d'Épicure, lorsqu'il déclare : « Comment ne pas voir que dans la mort véritable, il n'y aura pas d'autre soi-même qui, demeuré vivant, puisse déplorer sa propre perte ? » La mort ne peut faire l'objet d'aucune définition précise, d'aucune pensée claire. Jamais ne pourront se rejoindre l'homme et la mort puisque ou bien on existe encore et on ne l'a pas rencontrée « ou bien la mort est déjà là, mais alors c'est moi qui ne suis plus présent pour m'en apercevoir ». Socrate exprime cette idée en ces termes : « Tant qu'on est là, elle n'est pas et lorsqu'elle advient, on n'est plus là. »

En fait, il n'y aurait guère que le célèbre Lazare qui après sa résurrection pourrait venir expliquer ce que c'est ; car en dehors de lui, personne n'a jamais pu revenir pour raconter sa mort après l'avoir, si l'on ose ainsi dire, « vécue ». Le mot est d'ailleurs significatif : on ne « vit » pas sa mort, tout au plus vit-on une sorte d'agonie mais le « moi des mourants » qui a fait l'objet d'une importante littérature philosophique ne nous renseigne guère sur la conscience de la mort, sur la définition qu'on doit donner à la cessation de la vie. Il existe notamment des confessions de noyés qu'on a pu ranimer **in extremis** et qui, sortant du coma, ont témoigné de l'accélération du film de leur vie qu'ils avaient vu se projeter à l'intérieur d'eux-mêmes dans les tout derniers instants. Mais quant à la connaissance qu'ils avaient pu avoir d'un au-delà éventuel, ils se montrent très circonspects : personne ne semble avoir « vécu » le début d'une « survie » ; on en est donc réduit à émettre de vagues hypothèses sur ce qui pourrait

BOUHOU! MAX!
bon, voilà qui est fait.
alors, partons
...et alors je lui dis...
HA! HA! HA! vous êtes impayable
EN VOITURE! messieurs dames...
YOUPI
VIVE LA VIE!
PARIS BY-NIGHT

advenir de notre conscience, (certains diraient de notre « âme » après la cessation de toute fonction biologique.

DU SUICIDE

« Il n'y a qu'un problème philosophique vraiment sérieux : c'est le suicide. » Albert Camus commence ainsi son essai sur le *Mythe de Sisyphe*. « Juger que la vie vaut ou ne vaut pas la peine d'être vécue, c'est répondre à la question fondamentale de la philosophie. » Ainsi se pose l'un des aspects les plus percutants du problème de la mort : c'est la question du suicide. Si le Prix Nobel de Littérature de 1957 ne s'est en définitive pas tué lui-même, d'autres grands esprits ont accompli ce geste « fatal » et plusieurs grands philosophes ont même prôné sa généralisation. Caton, Hannibal, Brutus, Mithridate se sont suicidés.

Dans l'antiquité Hégésias et Senèque, après avoir vanté la mort volontaire comme forme suprême du détachement des illusoires biens de ce monde, ont joint le geste à la parole et se sont tués eux-mêmes. Plus près de nous, un héros de la Résistance comme Pierre Brossolette et un essayiste et romancier comme Henry de Montherlant ont également donné l'exemple d'une attitude incontestablement courageuse pour le premier, plus contestable peut-être pour le second : mais en tout état de cause, l'idée que l'on peut avoir des devoirs envers les autres, mais que l'on n'a jamais d'obligations envers soi-même est un des thèmes directeurs du suicide. On peut considérer, en effet, qu'il existe des devoirs envers ses parents ou ses enfants, ses employeurs ou ses employés, ses amis ou ses compatriotes, ses concitoyens ou ses administrés : mais à l'égard de soi-même, on reste libre de décider selon sa conscience.

A partir du moment où l'on pense que la vie n'a pas de sens, chacun reste libre de mourir volontairement ; tel a été l'itinéraire d'Albert Camus qui a repris, en les systématisant, les idées de Dostoïevski (particulièrement dans *Les Possédés*), de Nietzsche (dans *Zarathoustra*) ou de Novalis lorsqu'il disait : « l'acte philosophique véritable, c'est le suicide ».

COMMENT PEUT-ON JUSTIFIER L'ATTITUDE DU SUICIDAIRE ?

Il y a d'abord une première explication : pour les psychiâtres ce n'est vraiment pas compliqué ; c'est de la folie. Pendant tout

AUJOURD'HUI
CONFÉRENCE
SUICIDAIRE
AVEC
NICOLAS DÉPRIME
PETIT
SALON LOUIS II
l'acte philosophique véritable c'est le suicide
PAW
PAW
PAW
PAW
PAW

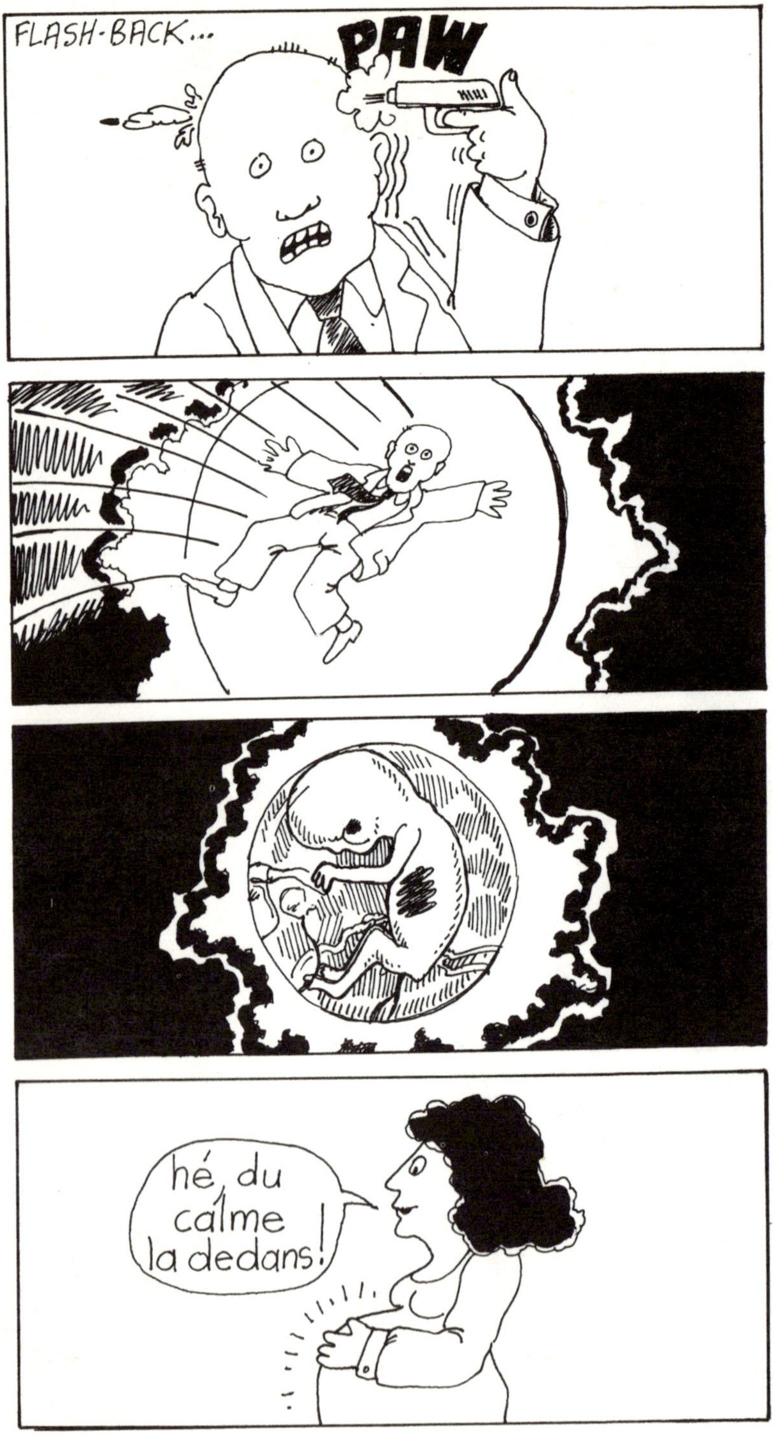
FLASH-BACK...
PAW
hé, du calme la dedans!

au revoir docteur et MERCI !
Doc FRAN
GREFFES
EN TOUS GE
REMBOURS
PAR LA S.S
c'est ça, à la prochaine
¡GOR !
oui, Maître !
préviens les familles, Fernand BUISSON, Marcelle BENJAMIN, Louis DINOUX, André DUTAUX, Bernadette SOURAX, Yang Tsé KIOU, Alain Simone VADC
bien Maître.

le XIXᵉ siècle, on a répété après Esquirol que « tous les suicidés étaient des aliénés ».

— Pas d'accord ! Pas du tout ! répondent les sociologues de l'école de Durkheim, auteur en 1897 d'un gros livre très célèbre sur *Le suicide*. Il explique, en effet, la mort volontaire par « le manque d'intégration à la vie sociale ». Les statistiques prouvent qu'il est plus fréquent chez les célibataires que chez les gens mariés, chez les gens mariés sans enfant plutôt que chez ceux qui ont un enfant, chez l'athée plutôt que chez celui qui pratique une religion, chez le chômeur plutôt que chez le travailleur, à la ville plutôt qu'à la campagne, en temps de paix plutôt qu'en temps de guerre, etc. On peut imaginer un homme marié, père de deux enfants et travaillant avec énergie qui — découvrant brusquement son infortune conjugale, son échec professionnel et le peu de cas que font de lui ses enfants — se suicide parce qu'il a pris conscience de son manque d'intégration à la société. « L'individu tient d'autant moins à soi qu'il ne tient qu'à soi » dit Durkheim.

Il existe une autre explication du suicide : celle des psychanalystes qui, de Freud à Lacan, pensent qu'il procède du « désir inconscient de retour à la béatitude intra-utérine ». Nous avons tous envie de revenir en arrière, de remonter le temps, de retrouver le « paradis perdu » ; c'est l'Eldorado qui ne se situe jamais **après**, mais toujours **avant**. D'où la volonté du suicidé de retrouver sa vie fœtale, de flotter à nouveau dans les eaux amniales sans lutter contre les innombrables difficultés de l'existence.

Chacune de ces explications vaut partiellement : mais plusieurs doctrines philosophiques sous-tendent également la décision de se tuer : nihilisme, pessimisme, absurdisme débouchent sur l'idée que la vie n'a pas de sens, qu'il n'y a pas de raison de se maintenir en vie, l'existence étant ressentie comme intolérable.

Telle a été la tendance dominante des philosophies du dernier quart de siècle et particulièrement des existentialismes ; Jacques Maritain précisait d'ailleurs à leur égard : « Rien n'est plus facile pour une philosophie que d'être tragique ; elle n'a qu'à s'abandonner à son poids d'humain. » L'angoisse, le désespoir la « déréliction » (sentiment de solitude absolue et de profonde inquiétude) telles ont été les principales tendances d'une philosophie très proche du suicide et qui a pu en partie y conduire. Mais ces thèmes sont aujourd'hui un peu démodés et l'on revient à une pensée plus énergique, plus dynamique — qui sort l'homme

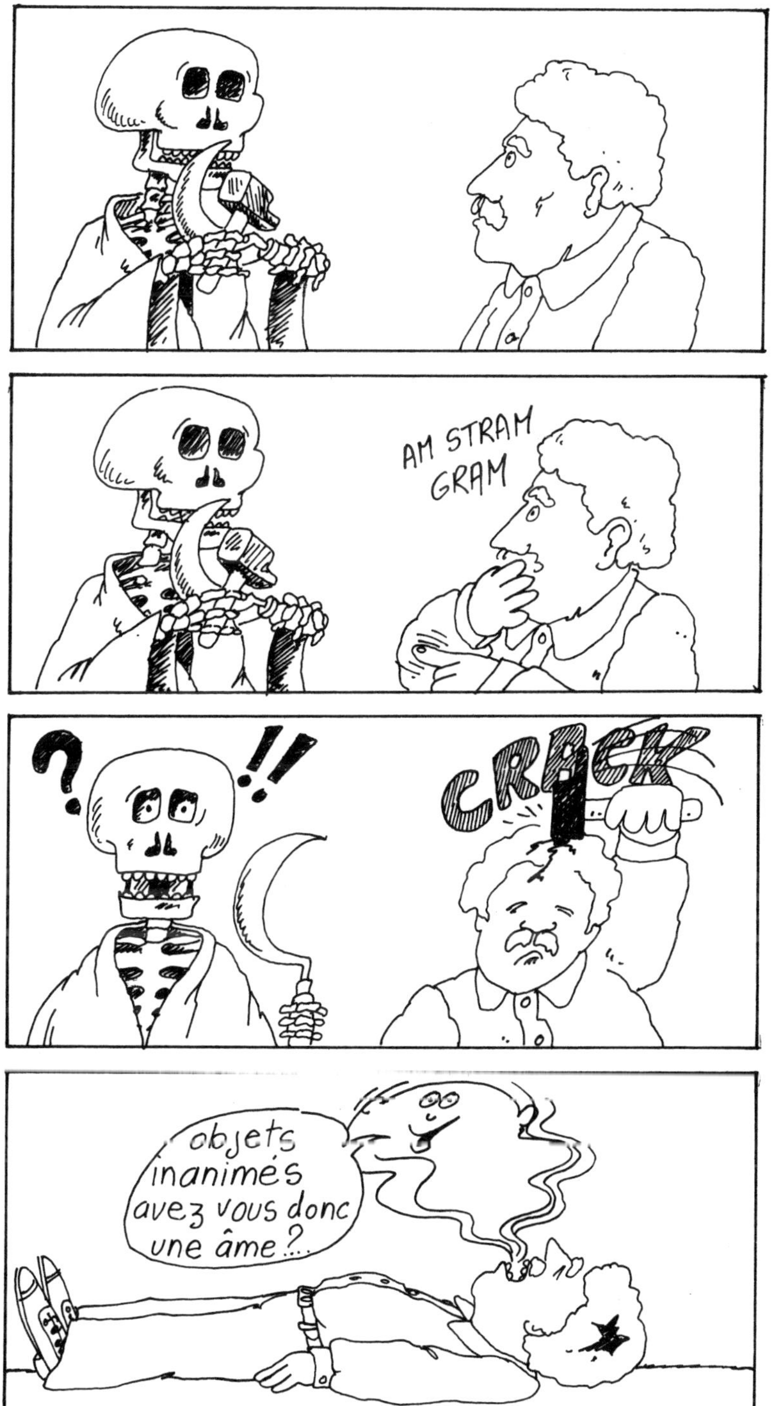
AM STRAM
GRAM
?
!!
CRACK
objets inanimés avez vous donc une âme ?...

de cette pensée de la mort en secouant l'anxiété dans laquelle se complaisaient les philosophes des années 50 à 70.

Au surplus, il est bien évident que la pensée du suicide ne peut germer que dans un esprit très individualiste, dans une perspective bien solitaire, voire égoïste. Les philosophies mettant l'accent sur le social, la collectivité, le progrès des hommes se font une toute autre idée de la mort. C'est ainsi par exemple que le marxisme adopte à l'égard de la mort une position bien tranchée : « La mort apparaît comme une dure victoire du genre sur l'individu déterminé... car l'individu déterminé n'est qu'un être générique déterminé et, à ce titre, mortel. » Roger Garaudy commentant le mot de Marx affirme que « la mort, c'est la mort de l'individu », il ajoute que « toute tentative de soustraire l'individu à la mort n'est qu'une consolation illusoire qu'on se donne : qu'il s'agisse de la croyance animiste à la survie d'un « double » ou de la prétendue « immortalité de l'âme » de Platon ?...

« La mort n'est angoissante que pour qui se limite à son individu, s'accroche à ses propriétés. Car tout ce qui est individu sera détruit par la mort. Individu biologique et personnage social ne survivent pas au naufrage. » (Roger Garaudy, *Parole d'homme*, chapitre sur la mort, p. 48, éd. Robert Laffont.)

La position marxiste dont le postulat de base est que seule compte la société, l'individu en lui-même n'étant rien, détermine à propos de la mort une approche bien spécifique. Lorsque Marx écrit : « l'essence humaine n'est pas une abstraction inhérente à l'individu isolé ; dans sa réalité, elle est l'ensemble des rapports sociaux », peut-être ne conteste-t-il pas la réalité singulière et la consistance propre de chaque personne pour la réduire à n'être qu'un reflet passif du tout. Selon Roger Garaudy, il « rappelle, au contraire, la vraie place et la vraie grandeur de l'homme à l'intérieur d'un ensemble dont chaque constituant est actif et créateur ». Roger Garaudy va même plus loin : « ce que j'appelle **moi**, est le nœud de relations vivantes qui m'unit à tous les autres en un tissu indissoluble ». « L'homme, ajoutait Marx, à quelque degré qu'il soit un individu particulier — et sa particularité en fait précisément un individu — est tout autant une totalité... totalité des manifestations humaines de la vie. » D'où l'idée qu'en effet, la mort doit être considérée comme le triomphe de l'espèce sur l'individu.

En sorte que l'on peut affirmer que même dans une perspective aussi antireligieuse que celle du matérialisme historique, il existe

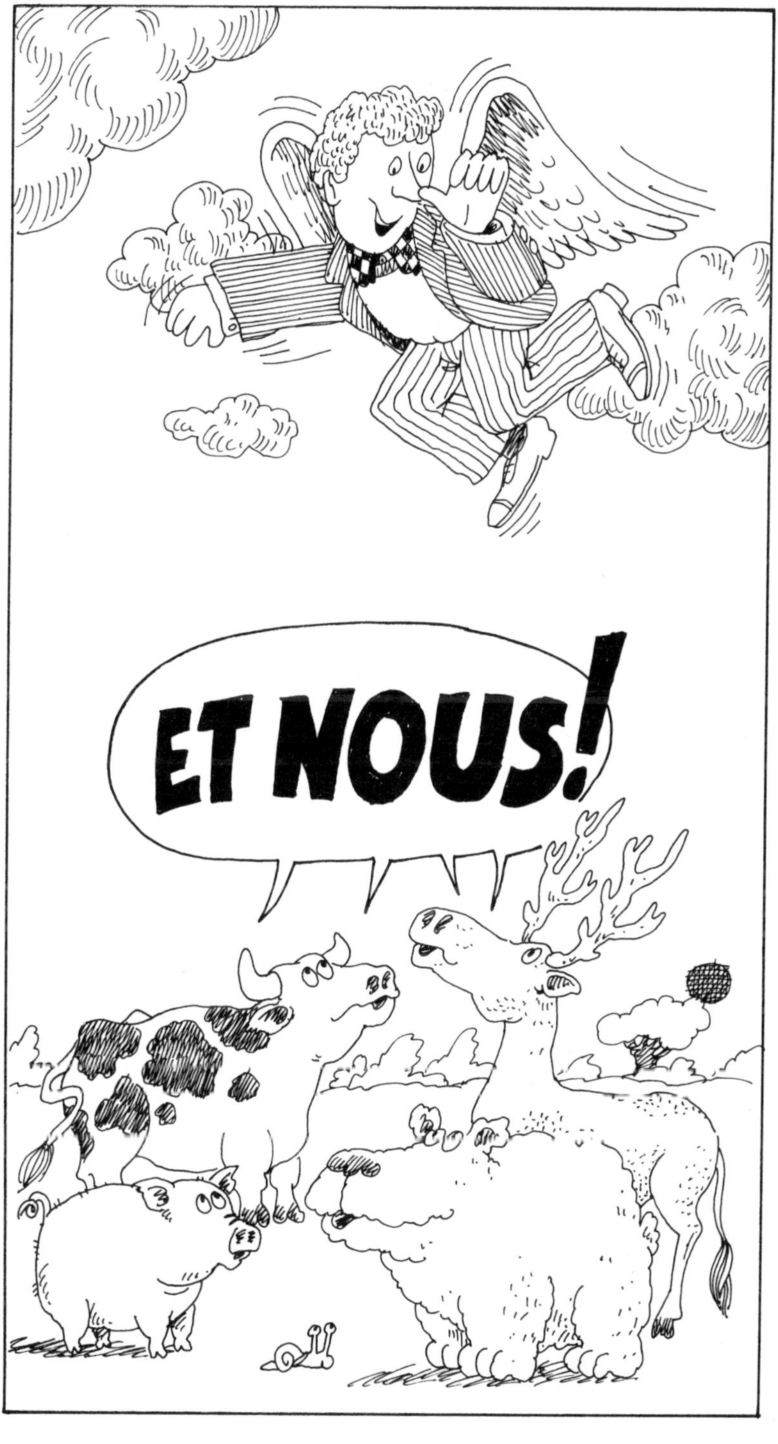
ET NOUS!

une certaine espérance au-delà de la vie : c'est même le propre de toute philosophie que de donner à ses adeptes un grand espoir pour passer d'un monde à l'autre, de ce que saint Augustin, par exemple, appelait « le monde des hommes » à la « cité de Dieu ».

C'est un grand poète Walt Whitman, qui a pu dire : « Il ne peut rien nous arriver de plus beau que la mort. » Sans aller jusque-là, disons que la plupart des philosophes ont insisté sur l'opposition de l'homme et de l'animalité, le rapprochement possible entre l'homme et la divinité ; comme l'a dit notamment Bergson, si l'homme est le seul être vivant qui puisse se tuer lui-même, il est surtout « un animal sachant qu'il doit mourir ». En fait, l'homme dont Heidegger disait qu'il est « un être pour la mort » (« dès qu'un homme est né il est assez vieux pour mourir ») passe toute son existence terrestre les yeux fixés sur les puissances « ouraniennes », célestes, en cherchant autant que faire se peut à se « diviniser ».

S'il espère la vie éternelle c'est dans la mesure où il a pu vivre en cette vie, en se conformant à un idéal moral, à des règles éthiques qui lui permettent d'être ultimement « jugé » et de passer ainsi sur l'autre rive, du bon côté. Sa résignation, sa confiance en l'au-delà, sa sagesse, seront d'autant plus parfaites qu'il aura davantage, comme le voulait Pascal, « parié » pour la vie éternelle. Sur ce point précis, nous n'en savons guère plus deux mille cinq cents ans après la mort de Socrate que ce que le **dialogue** de Platon nous en apprend. Platon faisait dire à Socrate qu'il avait la certitude que l'âme est immortelle et qu'elle ne serait jamais détruite :

— « Lorsque la mort approche de l'homme, ce qu'il y a de mortel en lui meurt à ce qu'il paraît, mais ce qu'il a d'immortel se retire sain et sauf et cède la place à la mort » (dit Cebès).

— « Il est donc absolument certain Cebès — reprend Socrate — que l'âme est immortelle et impérissable et que nos âmes existeront toujours éternellement... » (Platon - *Phédon*).

Existe-t-il autre chose que la décomposition physiologique d'un corps dans la terre, l'air ou l'eau ? Y-a-t-il plus et mieux que le néant quand l'être disparaît ? Peut-on prouver l'immortalité de l'âme autrement qu'en l'éprouvant ? Le philosophe cède ici la place au théologien... Mais Phédon faisait dire à Socrate en une des plus belles paroles de la philosophie universelle : en définitive, « c'est un beau risque à courir ».

Index

ABSURDE

Se dit de ce qui est contradictoire, contraire à la logique, à la raison. A propos de la théorie d'Albert Camus, dont on a souvent dit qu'il était « le philosophe de l'absurde » on a parfois parlé d'« absurdisme », doctrine selon laquelle tout au monde est absurde : « L'absurde c'est la raison lucide qui constate ses limites. » « Je tire de l'absurde trois conséquences : ma révolte, ma liberté, ma passion » (Albert Camus).

ALAIN

Pseudonyme qu'avait pris le philosophe français Émile Chartier en souvenir du poète Alain Chartier. Alain (1868-1951), sans avoir formulé un véritable système, a publié à travers une cinquantaine de livres et près de 5 000 « propos », une œuvre originale et forte, dans laquelle il exprime des idées souvent paradoxales sur l'éducation, l'art, la littérature, la religion, la politique et les plus grands philosophes. « Penser c'est dire non ! » — « Qui saurait tout le langage saurait tout l'homme. » Ou encore : « Je suis né simple soldat. » (Voir Alain par Paul Foulquié [aux éditions de l'École] ou *Textes choisis* par Mlle Drevet [P.U.F.].)

ALTHUSSER (1918)

Philosophe français contemporain, secrétaire général de l'École normale supérieure, l'un des principaux chefs de file du mouvement structuraliste (avec Lévi-Strauss, Foucault et Lacan), a donné à la lecture de Marx une orientation très neuve. Ouvrages essentiels : *Pour Marx, Lire le Capital, Autocritique.*

ANTHROPOMORPHISME

Attitude philosophique selon laquelle on ramène à l'homme (en grec, *anthropos* veut dire homme) toutes les formes de ce qui n'est pas humain : ainsi, par exemple, Dieu se trouve avoir l'apparence de l'homme ; on imagine que les animaux pensent, raisonnent ou parlent comme des hommes. Plus généralement, tendance à ramener toutes les connaissances à des notions humaines. Voir par exemple la formule de Protagoras, célèbre sophiste grec du Ve siècle av. J.-C. : « L'homme est la mesure de toutes choses. »

ANTINOMIE

Opposition de deux formules diamétralement contraires l'une à l'autre. Dans sa *Critique de la Raison pure,* Kant nous propose toute une série d'antinomies, comme par exemple « le monde n'a ni commencement ni fin » et « le monde a un commencement et une fin. »

ARISTOTE (384-322 av. J.-C.)

Celui que tout le Moyen Âge a considéré comme le plus grand esprit de tous les temps, qu'on a souvent appelé « le Philosophe », avec un « P » majuscule, a été, durant vingt ans, l'un des plus brillants disciples de Platon. Fils du médecin personnel de Philippe de Macédoine, il fut lui-même le précepteur du jeune Alexandre le Grand, qui garda pour son maître une admiration passionnée. Il fonda une école rivale de l'Académie (le Lycée) et passa toute sa vie à combattre violemment la doctrine platonicienne. Autant Platon croyait à la transcendance des idées, à une république idéale, à un idéalisme absolu, autant Aristote affirme une immanence, croit à un homme concret (cet « animal politique ») et postule un réalisme exclusif de toute utopie. Il s'est intéressé à toutes les connaissances humaines (y compris les plus scientifiques : il est à l'origine de la biologie moderne), a jeté les bases de la psychologie contemporaine (le *Peri Psukès* — sur l'âme — en fait foi), de la politologie, de la logique, de l'épistémologie, de l'esthétique et de l'éthique. Partisan du syllogisme (tous les hommes sont mortels, or Socrate est homme, donc Socrate est mortel), inspirateur de l'esthétique classique (Boileau citera sans arrêt la *Poétique* d'Aristote). L'influence d'Aristote s'estompa, se perdit pendant plusieurs siècles, mais son œuvre fut redécouverte au Moyen Âge à travers des traductions arabes. Saint Thomas d'Aquin s'est rendu célèbre en réalisant la synthèse entre le christianisme et l'aristotélisme : cela a donné le thomisme. (Pour une initiation à l'œuvre d'Aristote, voir Pierre Aubenque, article « Aristote » dans *l'Histoire de la Philosophie* de François Châtelet, tome I, [éd. Hachette].)

BACHELARD (1884-1962)

Simple postier devenu philosophe à quarante ans, Bachelard est le plus grand épistémologue français contemporain. L'épistémologie, ou réflexion philosophique sur la science, consiste en analyses des différents procédés de découvertes ou de recherches scientifiques envisagées à la fois dans une perspective historique et dans leur actualité la plus présente. On doit à Bachelard une bonne cinquantaine d'ouvrages sur la physique, la chimie ou même la poésie. Il a intitulé lui-même sa pensée la « philosophie du non ». Il soutient qu'il n'y a plus de vérités premières — il n'y a que « des erreurs premières » — la géométrie est devenue « non euclidienne », la physique « non newtonienne », la chimie « non lavoisienne », l'épistémologie « non cartésienne ». Pour une initiation rapide, voir *Pour connaître la pensée de Bachelard* de P. Ginestier (éd. Bordas). Les deux œuvres les plus connues sont *Le Nouvel Esprit scientifique* (1934) et *Le Rationalisme appliqué* (1949).

BACON (1561-1626)

Philosophe anglais (1561-1626). Francis Bacon, baron Verulam, fut le fils du garde des Sceaux et devint Chancelier d'Angleterre sous la reine Elisabeth Ire. Accusé de vénalité en 1621, il consacra les dernières années de sa vie à la philosophie. On lui doit un ouvrage capital le *Novum Organum Scientiarum (Nouvelle Méthode des Sciences)* qui contient les grands principes de la science moderne. (Voir *Pour connaître la pensée de Bacon*, par P.-M. Schuhl, [éd. Bordas].)

BAKOUNINE (1814-1876)

Cet anarchiste russe s'est opposé violemment à Marx à partir de 1872 sur le pouvoir de l'État : contestataire virulent, il refuse à l'État le pouvoir de diriger un pays. On lui doit la formule célèbre : « Même si Dieu existait — il faudrait le supprimer. »

BENTHAM (1748-1832)

Philosophe anglais, fondateur de l'utilitarisme ou de la « morale utilitaire », il pense qu'une « arithmétique des plaisirs » régit la morale humaine et peut nous apporter le plus grand bonheur. Plus nous serons utiles à la société, plus nous viserons l'intérêt général, plus nous parviendrons au bonheur.

BEAUVOIR (Simone de)

Née en 1908. Celle qui fut pendant de très nombreuses années la compagne de Sartre a appliqué aux femmes les théories existentialistes. On lui doit notamment un ouvrage important *Le Deuxième Sexe* (1948) qui marque une date capitale dans l'histoire du féminisme ou plutôt de la libération des femmes. La thèse de Simone de Beauvoir consiste à soutenir l'égalité des sexes, la femme n'étant pas inférieure à l'homme ou moins intelligente que lui : c'est l'évolution de l'humanité qui a placé la femme dans une situation historique infériorisante.

BERGSON (1859-1941)

Professeur au Collège de France, Académicien français, prix Nobel de Littérature en 1928, Bergson a été une des gloires consacrées de la philosophie du xxe siècle. On lui doit une théorie de la durée, différente du temps mathématique : une heure passée au cinéma va représenter, pour moi, une très courte durée, tandis qu'une heure de discussion très ennuyeuse va me paraître durer trois ou quatre heures d'horloge. Depuis *Essai sur les données immédiates de la conscience* (1889) jusqu'aux *Deux sources de la morale et de la religion* (1932) Bergson a construit une œuvre riche et pleine, dans la tradition du spiritualisme français. Il pense que la morale oscille entre la « peur du gendarme » (ce qu'il appelle « la pression sociale ») et le goût de l'héroïsme, le désir d'accomplir de grands exploits (« l'appel du héros »). (Voir Madeleine Madaule, *Bergson* [Seuil].)

BERKELEY (1685-1753)

La grande idée de ce philosophe anglo-saxon qui fut un célèbre évêque irlandais, c'est que la matière n'existe pas. Il a donc inventé une doctrine nouvelle : l'immatérialisme qui consiste à soutenir « qu'être c'est être perçu ». (Esse est percipi). (Voir les Extraits de la collection « Les Grands Textes » d'André Leroy.)

BICHAT (1771-1802)

Célèbre biologiste français, Xavier Bichat est l'auteur d'une formule indépassable pour définir la vie : « La vie est l'ensemble des fonctions qui résistent à la mort. »

BOUDDHISME

Théorie du Bouddha, fondateur d'une religion et philosophe original ayant vécu au Népal au VIe siècle avant J.-C. La sagesse c'est l'extinction du désir, c'est-à-dire le « nirvana ».

BRUNO (1548-1600)

Philosophe italien, Giordano Bruno avait déjà, avant Spinoza, prôné le panthéisme : il fut brûlé vif par l'Église catholique pour avoir écrit en 1584 *De l'infini de l'univers et des mondes.*

ÇA

Terme psychanalytique inventé par Freud en 1923 désignant « toutes les pulsions inconscientes qui nous dirigent et que l'éducation morale cherche à refouler » (Vergez).

CABANIS (1757-1808)

A la fois médecin et philosophe français il s'attaqua au rapport entre l'âme et le corps en traitant d'une manière très scientifique pour l'époque les relations entre le physique et le moral.

CAMUS (1913-1960)

Romancier, journaliste, dramaturge, Albert Camus n'est que partiellement philosophe. On a vu en lui le théoricien de l'absurde. Il a dit par exemple : « Vivre c'est faire vivre l'absurde » ou encore : « L'absurde dépend autant de l'homme que du monde. Il est pour le moment leur seul bien. » (Voir *Pour connaître la pensée de Camus* de P. Forestier, Bordas.)

CAPITALISME

Système économique dans lequel les moyens de production appartiennent à des capitaux privés. Le principe du capitalisme, c'est la libre concurrence dont on pense qu'elle améliore la qualité des produits et qu'elle permet de faire baisser les prix. Les marxistes se sont attaqués au capitalisme et ont proposé une forme de socialisme de type « étatique », où l'État possède tous les leviers de commande de l'économie.

COMTE (1798-1857)

Auguste Comte est le fondateur du positivisme. Polytechnicien, esprit très scientifique au départ, Auguste Comte a conçu une loi dite des trois États : le premier État est théologique ou religieux ou mystique et tout s'y explique par des causes magiques. Puis l'humanité, cherchant à s'élever, a tenté d'expliquer les phénomènes par des raisons métaphysiques, c'est-à-dire essentiellement philosophiques, enfin, en un dernier stade, l'humanité arrive à l'État positif ou scientifique où elle cherche à expliquer par des raisons rigoureuses exclusivement scientifiques les causes des phénomènes. Inventeur de la sociologie il nie la spécificité de la psychologie mais fonde sa morale sur « l'altruisme » (vivre pour autrui). (Voir les Œuvres choisies éditées par H. Gouhier [Auber].)

CONDILLAC (1714-1780)

Ce psychologue, collaborateur de l'Encyclopédie de Diderot, nous a laissé un célèbre Traité des Sensations. Sa doctrine, le sensualisme, n'a plus du tout cours aujourd'hui.

CONFUCIUS (551-479 av. J.-C.)

On a souvent comparé Confucius à Socrate. Ce sage oriental prêchait en son pays, la recherche harmonieuse de l'amitié et de l'équité, par le respect des traditions et le maintien d'un bon ordre. Le confucianisme a cessé depuis 1912 d'être la philosophie officielle de la Chine.

CONSOMMATION (Société de)

C'est le type même de la société où l'on poussera les hommes à acheter à consommer tous les biens produits. Vergez auteur d'un excellent Marcuse précise que chez Marcuse ce terme est péjoratif et désigne la société capitaliste développée, où les hommes n'ont pour seul horizon que la vente et l'achat.

DÉMOCRITE (463-370 av. J.-C.)

Il a été le plus grand philosophe matérialiste de l'Antiquité. Il conçoit le monde comme un vaste mouvement d'atomes ou de particules toujours en train de se combiner entre eux et produisant les corps les plus divers. Il s'est vigoureusement opposé à Héraclite et a eu pour disciple direct Épicure, et pour lointain élève, Lucrèce. Garnier-Flammarion, Les Présocratiques, de J. Voilquin.)

DERRIDA (1930)

Considéré comme l'un des plus brillants représentants de l'école philosophique contemporaine, Jacques Derrida s'est fait connaître par un ouvrage important L'Écriture et la Différence (1967). On lui doit aussi La Voix et le Phénomène, De la grammatologie, La Dissémination, Positions, Marges et Glas. Il dirige la revue Digraphe.

DESCARTES (1596-1650)

Descartes, « ce cavalier français qui partit d'un si bon pas », comme le disait Péguy, s'est toujours défendu d'être un philosophe professionnel : de fait il a inventé la géométrie analytique, découvert les lois de la réflexion et de la réfraction en optique, imaginé de nombreuses hypothèses physiologiques, créé à la cour de la reine Christine de Suède des ballets et des divertissements artistiques. Cet esprit universel s'est donc trouvé philosophe par surcroît, sans l'avoir voulu. Une erreur communément faite consiste à dire que Descartes était rationaliste : c'est très inexact. Descartes est d'abord un sceptique (« douterai-je de tout y compris de mon doute ? ») ; puis il a l'intuition de son « cogito » : « cogito ergo sum » (« je pense donc je suis ») même si mes pensées sont vagues, douteuses, incertaines, je suis sûr qu'il y a en moi quelque chose qui pense. Cette substance pensante s'oppose à l'étendue comme l'âme au corps. Car pour Descartes, « l'âme est plus aisée à connaître que le corps ». Il prouve aussi l'existence de Dieu par l'existence de son âme : « De cela seul que j'existe et que l'idée d'un être parfait est en moi l'existence de Dieu est très évidemment démontrée. » Le cartésianisme est une philosophie de l'expérience et de la liberté : « Je suis comme un milieu entre Dieu et le néant. » Descartes a résumé toute sa doctrine dans le *Discours de la Méthode*, les *Méditations métaphysiques* et les *Principes de la Philosophie*. Sa phrase la plus célèbre est : « Le bon sens est la chose du monde la mieux partagée. » Mais on peut également citer de lui une formule fameuse : « Il suffit de bien juger pour bien faire. » (Voir *Descartes, l'Homme et l'Œuvre*, par F. Alquié, éd. Hatier.)

DÉTERMINISME

Souvent exprimé par la formule : « Les mêmes causes produisent les mêmes faits ». On parle du déterminisme scientifique (le plus répandu) mais aussi, parfois, d'un déterminisme psychologique (le pouvoir d'agir selon le mobile le plus déterminant) et enfin d'un déterminisme théologique ou « fatalisme » (les musulmans parlent d'une fatalité : « C'était écrit mektoub »). Goblot précise : « Un état de choses étant donné, l'état de chose qui le suit en résulte nécessairement. »

DIDEROT (1713-1784)

Animateur et cofondateur avec d'Alembert de *l'Encyclopédie*. Foncièrement antichrétien, il a progressivement viré vers le matérialisme athée. « Il est important de ne pas prendre la ciguë pour du persil mais non de croire ou de ne pas croire en Dieu. » (Voir *L'Humanisme de Diderot*, par J. Thomas [Belles Lettres].)

DUALISME

Attitude selon laquelle deux réalités s'opposent irréductiblement l'une à l'autre ainsi par exemple, l'âme et le corps, la matière et l'esprit, le monde intérieur et le monde extérieur.

EINSTEIN (1879-1955)

Comme Copernic fit une révolution mémorable en révélant aux hommes que la terre n'était pas le centre du monde et que c'était le soleil qui constituait le cœur de l'univers, Albert Einstein inventeur de la théorie de la relativité, a effectué, sa révolution copernicienne : La « révolution einsténienne ». La relativité du temps qu'il a expliquée l'a rapproché de Bergson avec qui il a eu des discussions particulièrement fécondes pour mettre en lumière leurs explications de la durée. On peut lire d'Einstein : *Comment je vois le monde* (Flammarion).

ÉPICTÈTE (50-130 ap. J.-C.)

Philosophe stoïcien appartenant à la troisième génération de ces penseurs et auteur d'un célèbre *Manuel*, d'*Entretiens* dans lesquels il distingue ce qui dépend de nous (nos propres décisions, nos sentiments, nos jugements) et ce qui ne dépend pas de nous (santé, richesse, rang social, fortune) toutes choses indifférentes au sage. Il est célèbre pour avoir lancé cette formule : « Supporte et abstiens-toi. »

ÉPICURE (341-270 av. J.-C.)

Chef de file de l'École qui porte son nom, Épicure avait installé son institution dans un magnifique jardin dont on raconte qu'il le cultivait lui-même en discutant avec ses disciples. On doit à son élève Lucrèce d'avoir exposé son système. Épicure distinguait les plaisirs naturels et nécessaires (boire, manger et dormir) des plaisirs naturels mais non nécessaires (comme l'amour) et enfin ni naturels ni nécessaires : le luxe pur des choses inutiles. On arrive ainsi à ce que les épicuriens appellent *l'ataraxie*, qui n'est pas sans lien avec le nirvana bouddhiste, ou avec le bonheur idéal des stoïciens. (Voir le « Que sais-je » de Jean Brun et *Épicure et les Épicuriens*, collection Les Grands Textes, P.U.F.)

ÉPISTÉMOLOGIE

Réflexion philosophique sur la science dont Bachelard est un des meilleurs représentants. Déjà Kant en réfléchissant sur la physique de Newton ou Brunschvicg avait frayé la voie à l'épistémologie moderne. Brunschvicg disait : « Connaître, c'est mesurer. » Pour Bachelard, « Il n'y a pas de vérités premières ; il n'y a que des erreurs premières » La science s'efforce de s'imposer comme une « philosophie du non » en s'opposant à l'opinion, à la croyance ou à la perception. La science pour Bachelard sera toujours « la somme des idées vérifiées ».

EPISTÉMOLOGIQUE (COUPURE)

Brusque mutation de l'explication scientifique. Ainsi Torricelli refusant par exemple l'explication de l'horreur du vide, émet l'hypothèse de la pression atmosphérique : c'est une coupure épistémologique.

ÉTHIQUE

Réflexion philosophique sur l'action : à distinguer de la morale ensemble des règles, des lois, véritable code (comme le code de la route pour l'automobiliste) régissant la conduite humaine idéale. Éthique et esthétique se rejoignent chez Platon, par exemple : « Impossible qu'en visant le beau on n'atteigne ce qui n'est pas le bien. »

EUDÉMONISME

Attitude philosophique identifiant le but de la vie humaine avec le bonheur. L'eudémonisme s'oppose à l'hédonisme qui ramène le bonheur au simple plaisir : il s'oppose également au rigorisme kantien, ou morale du devoir. Pour Kant, le bonheur n'est pas la finalité de la vie : il faut agir par pur respect pour la loi morale.

EXISTENTIALISME

Doctrine philosophique découverte par Kierkegaard pour qui l'existence prime par rapport à l'essence. L'homme est un être singulier, unique, isolé : sa liberté est si totale qu'il ne peut se définir par une « essence » quelconque. D'ailleurs « il n'y a pas de système de l'existence » (Kierkegaard). Cette tradition existentielle héritée de Pascal, de Jésus-Christ et de Socrate passe par Nietzsche, Husserl, Heidegger (qui a, en 1927, inventé le mot même d'existentialisme) et Gabriel Marcel. C'est Sartre qui en 1943 avec *L'Être et le Néant* puis, en 1946, avec *L'Existentialisme est un Humanisme* a constitué la véritable école existentialiste française dont la revue *Les Temps Modernes* a constitué l'organe de combat. Simone de Beauvoir, Maurice Merleau-Ponty et même Albert Camus ont formé l'équipe de ce mouvement dont la vogue a été exceptionnelle dans les années cinquante.
(Voir le « Que sais-je ? » *L'Existentialisme,* de P. Foulquié [P.U.F.], *Introduction aux existentialismes,* d'E. Mounier [Denoël].)

FECHNER (1801-1887)

Parti de considérations métaphysiques, Fechner a inventé la psychophysique et créé avec Wundt le premier laboratoire de psychologie expérimentale qui ait jamais existé au monde (Leipzig 1878). On lui doit de nombreuses lois de psychologie dont la loi de Fechner : « La sensation croît comme le logarithme de l'excitant. »

FEUERBACH (1804-1872)

Ce contemporain de Marx, après avoir lu Kant et Hegel, en tire une idéologie totalement différente : il cherche à démystifier l'idée classique d'un Dieu transcendant dans *L'Essence du Christianisme* (1841).

FICHTE (1762-1814)

C'est avec Hegel, Schelling et Schopenhauer l'un des plus célèbres post-kantiens. Il déclarait lui-même : « Je vis dans un monde nouveau depuis que j'ai lu la *Critique de la raison pratique.* » Grand théoricien de la liberté, on lui doit une *Théorie de la science* et une *Destination de l'homme*. Il disait par exemple : « Être libre n'est rien ; le devenir c'est tout. » Lire : *L'Héritage kantien et la Révolution copernicienne*, de J. Vuillemin.)

FOUCAULT (1926)

Michel Foucault, né en 1926, Professeur de philosophie au Collège de France est l'un des fondateurs du mouvement actuel du structuralisme. Parti de l'analyse de la folie, auteur d'une remarquable *« Histoire de la folie »* et d'une *« Naissance de la clinique »*, on lui doit deux ouvrages capitaux : *« Les mots et les choses »* et *« Archéologie du savoir »*. Michel Foucault a créé une sorte d'histoire de la culture où se succèdent d'une façon discontinue des « champs épistémologiques », des organisations du savoir. « Le rationalisme de l'âge classique, exclut l'anthropologie. Cette dernière avec la philologie et l'économie politique triomphe au XIXe siècle » (Vergez). Nietzsche avait proclamé la mort de Dieu. Foucault, lui, déclare « la mort de l'homme » c'est-à-dire la fin d'une sorte d'humanisme. « A tous ceux qui ne veulent pas penser sans penser aussitôt que c'est l'homme qui pense on ne peut opposer qu'un rire philosophique. » (Lire aussi *« Surveiller et Punir* et *Histoire de la sexualité* et le *Michel Foucault* de la collection *Psychotèque* [Éd. Jean-Pierre Delarge.)

FOURIER (1772-1837)

Ce socialiste que Marx appelait « utopique » est l'inventeur des phalanstères sortes de groupes de 1 000 à 2 000 personnes autogérés et organisés pour permettre à chacun d'assouvir sa passion. Il pensait que Dieu a donné à tous des impulsions irrésistibles que seule régit l'harmonie universelle qui permet à chacun de se satisfaire. (Voir *Fourier* par André Vergez, collection Les Grands Philosophes, excellente initiation.)

FREUD (1856-1939)

Le plus illustre penseur du XXe siècle, le créateur de la psychanalyse a vécu plus de soixante-dix ans à Vienne, ville qu'il détestait pour son hypocrisie bourgeoise et son antisémitisme latent. Il la quitta lorsque les nazis envahirent l'Autriche et se réfugia à Londres avec sa fille Anna. On lui doit une centaine de publications capitales qui visent, pour la plupart, à la définition et à l'établissement d'une doctrine et d'une pratique psychanalytiques. Mais il est aussi philosophe et sociologue à ses heures : son idéologie est tellement passée dans les mœurs qu'on a peine à distinguer l'originalité de son œuvre tant elle ne fait qu'un avec le XXe siècle. (On pourra lire *Ma Vie et la Psychanalyse* de Freud lui-même (N.R.F.) ou de Marthe Robert : *Freud*, 2 volumes, Petite Collection Payot.)

GESTALT-THEORIE

On appelle gestalt-théorie, ou théorie de la forme, la conception par laquelle les fonctions mentales s'expliquent par leurs structures globales plutôt que par une analyse minutieuse et parcellaire. Ainsi, la perception, l'imagination, la volonté s'expliquent par le gestaltisme sans avoir à tenter de les analyser par une étude décomposante. Merleau-Ponty, par exemple, dans sa *Phénoménologie de la Perception* nous offre une explication gestaltiste de l'activité perceptive. Nous percevons d'abord les structures globales avant de pouvoir connaître le détail des choses. On perçoit d'abord la forêt avant de distinguer chacun des arbres. (Voir *« La Psychologie de la forme »* de Paul Guillaume [Flammarion].)

HEGEL (1770-1831)

Hegel est peut-être, avec Platon et Kant, l'un des plus grands philosophes de tous les pays et de tous les temps. Il a construit un système qu'il a conduit à une rare perfection : « Tout ce qui est réel est rationnel et tout ce qui est rationnel est réel », soutient-il avec force. Autrement dit, sa philosophie est celle d'un rationalisme absolu. Heidegger a dit que c'était « le dernier système possible de la métaphysique occidentale ». On lui doit des ouvrages capitaux comme *La Science de la Logique* ou *La Phénoménologie de l'Esprit*. Il a fortement inspiré Karl Marx qui fut l'un de ses grands disciples. Mais il y a dans sa descendance aussi bien des hégéliens de gauche comme Marx, Engels ou Feuerbach, que des hégéliens de droite comme Jhering, G. Sorel ou Charles Maurras. (Voir *Hegel et l'Hégélianisme* [Q.S.J.] d'Hondt *Hegel* [P.U.F.].)

HEIDEGGER (1889-1976)

Le plus important des philosophes existentialistes contemporains. Sa grande découverte consiste à soutenir que l'être est un « être pour la mort », c'est-à-dire que dès que nous sommes nés « nous sommes assez vieux pour mourir ». Sartre s'est beaucoup défendu d'être le disciple d'Heidegger (« nous devons dire contre Heidegger que bien que ma mort soit ma possibilité propre, elle est un fait contingent »). Toute la pensée moderne en Europe et aux États-Unis découle de la philosophie de Heidegger à qui l'on doit des ouvrages comme *L'Etre et le temps* en 1927, *L'introduction à la métaphysique* ou *Chemins qui ne mènent nulle part* (Voir *« La Philosophie de Martin Heidegger »* de Waelhens [Louvain] et Cotten [J.-P.] *« Heidegger »* [Seuil].)

HERACLITE (540-480 av. J.-C.)

Penseur de l'Antiquité, ennemi juré de Parménide et de Zénon pour lesquels l'être est immobile, Héraclite pense que « tout est flux » mouvant, changeant. Tout s'écoule : « On ne peut jamais se baigner deux fois de suite dans la même eau du fleuve. »

HERMENEUTIQUE

Science de l'interprétation.

HEURISTIQUE

Du grec *heuriskein* : « trouver » qui sert à la découverte — science de la découverte (rappelez-vous le mot d'Archimède : Eurêka ! J'ai trouvé !).

HOBBES (1588-1679)

Ce penseur anglais, auteur de deux célèbres ouvrages *Le Léviathan* et le *De Cive* soutenait qu'à l'état de nature « l'homme est un loup pour l'homme ». L'État est une sorte de monstre dévorant (le Léviathan) devant lequel les citoyens sont obligés de s'incliner, d'abdiquer leurs droits. (Voir R. Polin, *Politique et Philosophie chez Hobbes* [P.U.F.].)

HUMANISME

Attitude philosophique ramenant toute valeur à la connaissance de l'homme et de rien d'autre. Pascal disant que « l'homme n'est ni ange ni bête » définit une attitude humaniste. Protagoras a dit : « L'homme est la mesure de toute chose. » Quand Sartre intitule son ouvrage : *L'Existentialisme est un humanisme* il exclut tout recours à Dieu ou à autre chose qu'à l'homme.

HUME (1711-1776)

David Hume est peut-être le plus grand philosophe anglais. Cet empiriste impénitent a écrit un important *Traité de la Nature humaine* dans lequel il rejette la métaphysique de son temps au profit d'un raisonnement fondé essentiellement sur l'expérience. Kant a dit : « Hume m'a réveillé de mon sommeil dogmatique. » (Voir *Le Scepticisme de Hume,* par J. Laporte [Revue philosophique]. Les ouvrages de Leroy et de Vergez, *David Hume.* [P.U.F.].)

HUSSERL (1859-1938)

D'abord grand mathématicien, l'auteur des *Idées pour une Phénoménologie* et des *Méditations cartésiennes,* est venu tard à la philosophie. Il a inventé une forme de pensée tout à fait nouvelle, la phénoménologie, qui consiste en un retour au concret, à l'« intuition originaire des choses, à la mise entre parenthèse des explications théoriques pour revenir à une vision naturelle des objets avec une âme nue et ingénue ». Mais cette façon de voir comporte une intentionnalité : « Toute conscience est conscience de quelque chose. » (Voir *La Logique de Husserl,* par S. Bachelard [P.U.F.].)

IDÉALISME

Ce terme désigne en métaphysique la négation de l'existence du monde extérieur. Quand on parle d'idéalisme platonicien on veut dire que pour Platon seules comptent les idées intelligibles, les essences des choses et non les choses elles-mêmes : ce qui existe c'est l'idée, l'essence, le concept, la définition de la table et de la chaise. Quant à la chaise et à la table réelles, que nous pouvons toucher, elles n'existent pas. Berkeley a aussi soutenu que la chaise et la table n'existent que si elles sont perçues (être, c'est être perçu : esse est percipi). Enfin Schopenhauer déclare : « Le monde est ma représentation. »

INTROSPECTION

« L'introspection est à la psychologie ce que l'œil est à l'optique. » C'est l'observation de soi par soi, la connaissance psychologique directe du sujet par lui-même à la « première personne ». Tous les auteurs d'un journal intime ont fait de l'introspection. Comte l'a condamné en disant : « On ne peut pas à la fois se regarder par la fenêtre et se voir passer dans la rue. »

JAMES (1842-1910)

Philosophe américain fondateur de l'École du pragmatisme ou philosophie de l'action et de la réussite (ce qui est vrai, c'est ce qui réussit). Sa théorie du « courant de conscience » est très proche de celle de la durée bergsonienne.

JANKÉLÉVITCH (1903)

Né en 1903, auteur du monumental *Traité des Vertus,* d'une cinquantaine de livres excellents qui oscillent entre « la tranquillité d'âme confiante de Bergson et la vigilance amère de Kierkegaard » (Mme Madaule), a considérablement influencé la pensée contemporaine en France. C'est avant tout un moraliste partisan d'une grande rigueur et d'une profonde « austérité » ; mais il a aussi beaucoup médité sur la mort, sur l'ironie, sur le mensonge ; et son plus grand centre d'intérêt reste la musique à laquelle il a consacré plusieurs chefs-d'œuvre (Fauré, Debussy, Ravel, la musique et l'ineffable). (Voir L. Jerphanion, *Jankélévitch* [Seghers].)

JASPERS (1883-1974)

Illustre philosophe qui, après avoir exercé la psychiatrie *(Psychopathologie générale,* 1919), fut l'un des plus grands existentialistes allemands de son temps (*Philosophie,* 1932, et *Philosophie de l'Existence,* 1938). Exilé en Suisse pendant la guerre, il condamna sévèrement le nazisme (*La Culpabilité allemande,* 1946). Il a exercé une certaine influence sur les existentialistes chrétiens (notamment G. Marcel) et sur les personnalistes. (Voir son *Introduction à la Philosophie* [Plon, 1962] éditée en 10/18.)

JUNG (1875-1961)

Ce célèbre disciple de Freud s'est séparé de son maître de manière retentissante. André Vergez précise ainsi les deux raisons principales de leur désaccord : « 1° Il conteste le pansexualisme du maître ; 2° Il pense que notre inconscient porte la trace, non seulement des conflits que nous avons vécus dans notre enfance, mais des plus lointaines angoisses de l'humanité. » (Voir Roland Cahen, *Jung* [Payot, 1964].)

KANT (1724-1804)

Celui que l'on a souvent considéré comme le plus grand philosophe de tous les temps est né, a vécu 80 ans, est mort sans jamais quitter sa bonne ville de Königsberg, capitale de la Prusse orientale (aujourd'hui Kaliningrad). Il y a enseigné la philosophie à l'Université en publiant une cinquantaine d'ouvrages dont les premiers ont été jugés sévèrement. A 57 ans, l'inspiration lui vient et il écrit son plus grand ouvrage philosophique : *La Critique de la Raison pure* (1781) puis, il publie *La Critique de la Raison pratique* en 1788 et en 1790 *La Critique du Jugement.* Le système kantien repose sur ce que Kant a appelé lui-même sa « révolution copernicienne ». Pour Kant, en effet, rien n'est dans les choses et tout est dans l'esprit. En morale, Kant est partisan d'un « impératif catégorique » qui nous interdit formellement de voler, de mentir ou de mal faire. Kant a cherché à répondre à trois grandes questions fondamentales auxquelles s'appliquent ses trois critiques :
— que puis-je connaître ?
— que dois-je faire ?
— que m'est-il permis d'espérer ?
(On s'initiera grâce à Boutroux, Delbos ou Cresson : voir aussi *Pour connaître la pensée de Kant,* [Bordas].)

KIERKEGAARD (1813-1855)

Ce penseur danois, communément reconnu comme le père de l'existentialisme a toujours franchement détesté la philosophie. Toute son œuvre consiste d'ailleurs à se moquer des Hegel ou des Schelling qu'il a qualifiés de « bavards ». Amoureux de Régine Olsen, il ne l'a jamais épousée, rompant même volontairement ses fiançailles sans aucune raison. Protestant, détestant la religion, il refusa d'être pasteur. « Il se veut antiphilosophe et presque irréligieux. » A cet égard sa formule la plus percutante est : « Plus je suis, moins je pense, et moins je pense plus je suis. » (On pourra lire de Mounier *Introduction aux Exitentalismes* ou *L'initiation à Kerkegaard* dans les grands textes [« l'Existence »].)

LACAN (1901)

Considéré comme le plus grand psychanalyste français contemporain, et même par certains comme le plus grand psychanalyste depuis Freud, Jacques Lacan a adapté le struoturalisme à la psychanalyse. Il pense que les symptômes morbides ou les images rêvées par le sujet analysé sont « pour le psychanalyste comme un rébus, comme un signifiant énigmatique dont il faut retrouver le signifié refoulé » (Vergez). Le but de la cure psychanalytique étant de « rétablir la continuité du discours conscient, de restituer au patient une parole pleine », il s'agit d'adapter les découvertes de la linguistique moderne à la méthode psychanalytique. Jacques Lacan a tenu de très nombreux séminaires dont les textes ont été publiés en librairie ; il a réuni un certain nombre de ses principaux articles dans *Écrits*. (Pour une première lecture de Lacan, lire le petit livre de Catherine Clément *Lacan* [éd. Jean-Pierre Delarge].)

LEIBNIZ (1646-1716)

Disciple de Descartes, précurseur de Kant, Leibniz est un des plus grands penseurs allemands ; mais son œuvre a paru en grande partie en français et en latin. Très précoce, il publie à quinze ans sa thèse *(De principio individui).* Sa vie durant, il sera à la fois un grand homme d'action, un grand savant (il est l'inventeur du calcul infinitésimal et de la théorie de la force vive en physique) et un philosophe très profond : *Théodicée, Nouveaux Essais sur l'Entendement humain, Monadologie, Discours de métaphysique,* sont ses principaux ouvrages. « La monade n'a ni porte ni fenêtre » : Leibniz pense que chaque être est comme une petite unité (la monade) qui ne peut rencontrer les autres, qui vit dans son autonomie propre. L'espace est pour lui « l'ordre des coexistences », le temps « l'ordre des successions ». Pour expliquer tout ce que sa théorie ne peut éclairer, Leibniz fait appel à Dieu et à la théorie de l'harmonie préétablie. Voltaire a résumé plaisamment le principe de Leibniz en disant : « Tout est pour le mieux dans le meilleur des mondes possibles » (formule qu'il place dans la bouche de Pangloss, précepteur de son héros Candide) *(Pour connaître la pensée de Leibniz,* par Yvon Belaval [Éd. Bordas].)

LÉNINE (1870-1924)

Ce grand révolutionnaire, qui a pris une part capitale à la révolution russe de 1917 et qui est devenu le chef des marxistes soviétiques de 1917 à 1924, a écrit d'assez nombreux ouvrages comme *Matérialisme et Empiriocriticisme* ou *Le Gauchisme, maladie infantile du communisme.* (Pour une initiation à Lénine, lire Althusser *Lénine et la Philosophie* [éd. Maspéro] et Lefebvre *Pour comprendre la pensée de Lénine* [Bordas].)

LÉVI-STRAUSS (1908)

Membre de l'Académie française, Professeur au Collège de France, le « Savant » à qui l'on doit un ouvrage très vivant et en partie autobiographique *« Tristes tropiques »,* une thèse considérable sur *« Les structures élémentaires de la parenté »* et des essais comme *« Anthropologie structurale »* ou *« La pensée sauvage »* a introduit le structuralisme à l'intérieur de l'ethnologie. C'est ainsi par exemple, qu'analysant les mœurs des peuples primitifs concernant la cuisine (voir *Le cru et le cuit),* il découvre l'immense « champ sémantique » que la cuisine présente à l'ethnologue avec des manifestations de différences, d'oppositions ou de rapprochements entre les aliments. Pour lui, l'esprit humain reste toujours le même partout et toujours : il n'y a pas de « mentalité primitive » différente de celle de l'homme civilisé — (voir C. Clément, *Lévi-Strauss* [Seghers].)

LOCKE (1632-1704)

Célèbre empiriste, auteur d'un essai sur *L'Entendement humain* où il prouve que nous n'avons aucune idée innée et que toutes nos connaissances viennent de l'expérience.

LORENZ (1903)

Fondateur de l'éthologie, étude du comportement des animaux, Lorenz, qui fut appelé « le Freud des animaux », a démontré que de nombreuses espèces animales possédaient un langage très élaboré. Son principal ouvrage *L'Agression,* paru en français en 1969, montre que les attitudes soi-disant instinctives des animaux procèdent d'une évolution adaptative. Il obtint le Prix Nobel en 1973.

LUKACS (1885-1974)

Philosophe marxiste contemporain, ayant vécu la majeure partie de sa vie en Hongrie, a consacré un ouvrage capital à *L'Histoire et la Conscience de Classes* (1929). (On trouvera de nombreux ouvrages d'initiation aux éd. Sociales.)

MACHIAVEL (1469-1527)

L'auteur immortel du *Prince* a laissé son nom à un principe de gouvernement : le machiavélisme. Pour diriger les hommes, peu importe la morale ; seule compte l'efficacité. La fin justifie toujours les moyens. Il s'agit donc de mentir, de dissimuler, de tromper continuellement les gouvernés car, pense-t-il, « les hommes sont ingrats, changeants et dissimulés ». Ce pessimisme fondamental l'amène donc à recommander la violence et la ruse comme mode de gouvernement. (Voir *« Le Machiavel* de Georges Mounin, P.U.F., ou le volume des éd. du Seuil, Écrivains de toujours.)

MC LUHAN (1911)

L'auteur de *La Galaxie Gutemberg* et de *Pour comprendre les Médias* a dénoncé le caractère archaïque de la civilisation du livre. Le développement prodigieux, depuis ces 40 dernières années, de tous les massmédias, l'exceptionnel bond en avant de la télévision, l'utilisation massive de la presse écrite, de la radiodiffusion et des autres moyens comme TV par câbles, mini-cassettes, etc. ont abouti à faire de Marshall McLuhan une grande vedette de l'audio-visuel, alors que son seul but est de conserver son « petit royaume », son « jardin secret », sans être immédiatement envahi par des lecteurs, des auditeurs, des hommes le regardant comme une bête curieuse. (On pourra aborder son étude par l'ouvrage de la collection « Profil d'une Œuvre », présenté et préfacé par M. McLuhan, textes de Francis Balle.)

MALEBRANCHE (1638-1715)

Ce disciple de Descartes, qui fut oratorien avant de devenir philosophe, a inventé un système philosophique très particulier : « l'occasionnalisme ». La vraie cause de toute chose c'est Dieu. La « vision en Dieu » explique tout : les causes des choses ne sont jamais que des causes « occasionnelles », secondaires par rapport à Dieu, seule cause première. Son plus important ouvrage est *La recherche de la vérité.* (On pourra entrer dans l'étude de sa philosophie par les initiations qu'ont publiées Victor Delbos, Henri Gouhier, ou Geneviève Rodis-Lewis [Seghers].)

MALTHUS (1766-1834)

La grande loi que découvrit Malthus c'est qu'alors que la population augmente en progression géométrique, les ressources ne croissent qu'en progression arithmétique. Nous manquons donc singulièrement de subsistances : seule va donc survivre une infime partie de la population du globe. On appelle malthusianisme le fait de limiter volontairement les naissances pour que les ressources correspondent exactement aux besoins de la population.

MANICHÉISME

Théorie selon laquelle les deux grands principes du Bien et du Mal s'opposent irréductiblement l'un à l'autre.

MAOÏSME

Doctrine de Mao-Tsé-Toung (1893-1976). Ce marxisme absolu part d'une égalité totale entre les individus, refuse toute collaboration de classes, sacrifiant allégrement l'individu à la masse et organisant la lutte des classes pour que la bureaucratie cède la place à une démocratie totale. (Voir le fameux *Petit Livre rouge*. — Anthologie aux P.U.F. [1977].)

MARCUSE (1898)

Mis en vedette par les événements de mai 1968, l'auteur de *L'Homme unidimentionnel* et de *Eros et Civilisation* rêve d'un monde où l'homme réussirait à satisfaire toutes ses tendances, mais juge que la société de consommation aliène les hommes, les asservit en dissimulant la répression de nos désirs qui est partout. Publicité, propagande, standardisation font de l'être un homme « unidimensionnel » incapable de sens critique. Prônant la révolte. Marcuse est le penseur du grand refus. (Voir A. Vergez, *Marcuse* [P.U.F.].)

MARX (1818-1883)

Karl Marx, né d'une famille de la bourgeoisie israélite d'Allemagne, commence par être un bon élève de Hegel. Il s'intéresse passionnément à la philosophie mais, progressivement, va concevoir un dépassement de la distinction traditionnelle entre la théorie et la pratique ce qu'il appellera « logos et praxis ». Lénine dira, à propos du marxisme, que c'est « le résultat de tout ce que l'humanité a produit de meilleur : le socialisme français, l'économie politique anglaise et l'idéalisme allemand ». On lui doit notamment en 1848 *Le Manifeste communiste* (avec Engels), d'innombrables ouvrages de doctrine et son œuvre essentielle : *Le Capital* écrit entre 1864 et 1876 où il critique violemment la propriété privée en prophétisant la mort du capitalisme par ses propres contradictions. Il reprochait aux autres philosophes de s'être contentés de vouloir expliquer le monde au lieu de chercher à le transformer. (On pourra entrer dans la philosophie marxiste en partant du « Que sais-je ? » d'Henri Lefebvre, *Le Marxisme. Pour connaître la pensée de Marx*, du même auteur [Bordas], ou de Louis Althusser *Pour Marx* [éd. Maspéro].)

MERLEAU-PONTY (1908-1962)

D'abord très proche de Jean-Paul Sartre, puis en opposition avec lui pour des raisons idéologiques, Maurice Merleau-Ponty, auteur de *La structure du comportement* (1942) et de *La phénoménologie de la perception* (1945), a réussi une tentative de pensée concrète de type existentiel dans laquelle le regard, l'intuition, jouent un rôle déterminant: Il a dit notamment : « La philosophie peut être tragique ; elle n'est jamais sérieuse. » (On pourra lire sa leçon inaugurale au Collège de France : *Éloge de la Philosophie*, petit essai aussi clair que suggestif.)

MOUNIER (1905-1950)

Chef de file de l'École personnaliste, fondateur de la revue *Esprit*, ce jeune philosophe mourut en laissant d'innombrables textes inachevés. On lui doit notamment un important *Traité du Caractère*. Il est un des penseurs les plus engagés de sa génération. (Comme initiation, voir le « Que sais-je ? » de Jean Lacroix, *Le Personnalisme* [P.U.F.] ou l'excellent peut livre de Mounier lui-même, *Introduction aux existentialismes*, 1946 [Denoël].)

NÉANT

Le contraire de l'être. On dit aussi souvent non-être « le néant est la négation radicale de la totalité de l'existant » dit Heidegger. Chez Sartre la néantisation constitue la manifestation de sa conscience par la liberté. La notion de néant qui n'existait pas chez les anciens est relativement récente dans la philosophie occidentale. Sartre, grâce à *L'Être et le Néant*, a puissamment contribué à la répandre.

NIETZSCHE (1844-1900)

Fils d'un pasteur protestant qui mourra quand Nietzsche aura moins de dix ans, très marqué par son éducation, Nietzsche a d'abord été un spécialiste du théâtre grec (*Naissance de la Tragédie*), mais très vite, il conçoit — à partir d'une généalogie de la morale — une pensée antimétaphysique qui proclame « la mort de Dieu » et élève le « surhomme » seul capable de dépasser le déterminisme des trois « M » : le milieu, le moment et la mode. Son surhomme a parfois été mal interprété et on a souvent cherché à faire de cette morale élitiste la grande inspiratrice de la pensée nazie. C'est faire un contresens total sur la véritable philosophie nietzschéenne qui s'inscrit volontairement « par-delà le bien et le mal », ou dans une parfaite volonté de puissance. (D'innombrables ouvrages ont été proposés comme introductions à la pensée de Nietzsche ; l'un des meilleurs est dû à Gilles Deleuze [éd. de Minuit].)

NOMINALISME

Vieille doctrine, célèbre au Moyen Âge, partant du principe qu'une idée générale se réduit nécessairement à un nom, à un simple mot. Seules existent des réalités concrètes et singulières uniques.

NOUMÈNE

Chez Kant, le noumène s'oppose au phénomène, le monde « nouménal ». au monde « phénoménal ». Mot à mot « qui a trait à l'esprit » « *nous* ». sensible ou réalité matérielle ; le noumène n'appartient qu'à l'esprit, au sujet réfléchissant, à la pensée.

PANTHÉISME

Mot à mot tout est Dieu. L'idée de base du panthéisme c'est qu'il n'y a pas de création. « Les êtres finis, nous dit André Vergez, ne sont pas des créatures de Dieu mais des parties de Dieu, des modes finis de la substance infinie. » Il n'existe donc qu'une substance unique à la fois Dieu, âme et nature.

PARMÉNIDE (540-450 av. J.-C.)

Célèbre philosophe présocratique, grand adversaire d'Héraclite pour qui l'être était immuable. Sa plus célèbre formule est d'ailleurs « L'Être est, le non-Être n'est pas ». Platon lui a consacré un dialogue qui porte son nom en souvenir de son maître Cratyle qui lui-même avait été le disciple de Parménide.

PASCAL (1623-1662)

L'un des plus grands philosophes français, à la fois savant, pamphlétaire et théologien. Son œuvre la plus importante aurait dû être une *Apologie du Christianisme,* mais il est mort avant d'avoir pu la terminer. On appelle communément « Pensées de Pascal » les fragments de cette œuvre monumentale. Pascal s'est beaucoup opposé à Descartes, notamment à propos de la raison. Existe-t-il, au-dessus des sens (perception) et de l'entendement (raison), une connaissance supérieure au raisonnement logique — Non ! répond en gros Descartes. — Si ! dira Pascal car « le cœur a ses raisons que la raison ne connaît pas ». (Voir le *Pascal* des éd. du Seuil ou la nouvelle édition de Ph. Sellier [Mercure de France].)

PHÉNOMÉNOLOGIE

Théorie philosophique inventée par Husserl selon laquelle pour atteindre les phénomènes en mettant entre parenthèses toutes les explications rationnelles qui en ont été données, on arriverait à « une étude purement descriptive des faits vécus, de pensée et de connaissance ». (Voir le « Que sais-je ? » de J.-F. Lyotard ou *La Phénoménologie* de F. Jeanson [Téquil].)

PIAGET (1896)

Inventeur de « l'épistémologie génétique », s'est particulièrement intéressé à la psychologie de l'enfant chez qui il voit un être spécifique, original et non « un adulte en miniature ». (On pourra lire sa *Psychologie de l'Intelligence,* qui porte bien son titre ou son « Que sais-je ? » sur *le Structuralisme.*)

PLATON (430-350 av. J.-C.)

Celui que l'on considère souvent comme le plus grand philosophe de tous les pays et de tous les temps a été marqué par la mort injuste de son maître Socrate (399 av. J.-C.). Parti d'Athènes au moment du procès, Platon ne revint que beaucoup plus tard pour fonder une école philosophique, « l'Académie ». Il est le seul auteur de l'Antiquité grecque dont nous possédions encore maintenant la totalité de l'œuvre, soit une trentaine de dialogues où Socrate est mis en scène et sert de porte-parole à Platon. La grande idée de Platon c'est que le monde sensible dans lequel nous vivons n'est qu'apparences vaines et ombres obscures. Tout se passe comme si nous vivions enchaînés au fond d'une caverne. Pour connaître la vérité, il faudrait pouvoir sortir hors de la caverne, ne plus se contenter de la vision des ombres sur la paroi de la grotte et s'élever vers la lumière du soleil ; c'est-à-dire d'atteindre le monde des idées intelligibles. C'est cela qui compte. Mais la plupart des hommes n'ont pas le courage de regarder le soleil en face ni de chercher la vérité. Ils se contentent donc d'illusions, d'apparences sensibles et refusent de connaître l'être des choses. (On peut entrer dans les *Dialogues* de Platon par le septième livre de *La République* qui raconte le *Mythe de la Caverne* ou en lisant l'ouvrage de François Châtelet *Platon,* collection Idées [N.R.F.], ou *l'Œuvre de Platon,* P.-M. Schuhl [Hachette].)

POINCARÉ (1854-1912)

Célèbre mathématicien français, cousin du Président de la République, s'est beaucoup intéressé à la philosophie des sciences, particulièrement à la notion de vérité mathématique. De tendance pragmatiste il avait accoutumé de dire : « La géométrie d'Euclide est la plus vraie parce qu'elle est la plus commode. » (On pourra lire avec profit ses ouvrages sur *La Science et l'Hypothèse, Valeur de la Science* ou *Dernières Pensées,* éd. Flammarion. Il a repris à Auguste Comte la formule célèbre : « La science répond à la question comment ? La philosophie à la question pourquoi ? »)

PROUDHON (1809-1865)

L'auteur de *La Philosophie de la Misère* et de *Qu'est-ce que la propriété ?* a été l'ennemi juré de Marx. On connaît son mot célèbre : « La propriété c'est le vol. » Gurvitch lui a consacré une introduction remarquable *Proudhon, sa vie, son œuvre,* P.U.F., 1965.

PYRRHON (365-275 av. J.-C.)

Le sceptique le plus radical ou le plus radical parmi les sceptiques grecs, Pyrrhon ne croyait à rien et doutait de tout. Il a inspiré son « Que sais-je ? » à Montaigne et profondément impressionné Pascal. Descartes lui empruntera certains de ses arguments les plus forts : « Douterai-je de tout y compris de mon doute ? »

RATIONALISME

Attitude philosophique selon laquelle nous serions en possession de toutes nos connaissances et de notre raison antérieurement à l'expérience, avant d'avoir à connaître les choses. « Il est impossible que la raison n'ait pas raison », Cournot.

RUSSEL (1872-1970)

Grand épistémologiste anglais contemporain. Prix Nobel en 1950, s'intéressa à toutes les formes du savoir humain. Il est célèbre pour avoir dit des mathématiques : « C'est une science où l'on ne sait jamais de quoi l'on parle, ni si ce que l'on dit est vrai. »

SARTRE (1905)

Le plus grand philosophe français contemporain s'est d'abord attaqué à des problèmes psychologiques comme l'émotion (qu'il caractérise comme une « conduite magique » où l'on transforme le monde selon son humeur, en le voyant terrible dans la terreur, joyeux dans la joie, horrible dans l'horreur) ou l'imagination (dans laquelle il voit une fonction fabulatrice qui substitue au réel un imaginaire plus vrai que nature) ; puis, il a cherché dans des romans (*La Nausée* (1937), *Le mur* (1939), *Les Chemins de la Liberté* (1945), des pièces de théâtre *Les Mouches* (1942), *Huis-Clos* (1944) à exprimer les divers sentiments d'un homme en proie à une vertigineuse angoisse devant sa liberté. Son héros le dira : « J'étais de trop, et pour l'éternité. » Ces divers ouvrages préludent à la publication de son chef-d'œuvre « *L'Être et le Néant* » (1943). Sartre devient alors le chef de file de l'école existentialiste française. On lui demande de définir l'existentialisme ; il répond : « le moyen d'assurer mon existence ». En fait, et contrairement à ce que croient beaucoup de non-philosophes, Sartre est un penseur difficile et courageux qui a construit très solidement un système auquel il croit fermement. On peut tenter de le condenser dans une formule : « faire, et en faisant se faire et n'être rien que ce qu'on fait ». (On peut lire comme introduction *l'Existentialisme est un humanisme* de Sartre lui-même, Nagel 1946, ou l'un des nombreux livres de Francis Jeanson consacrés à Sartre [Éditions du Seuil].)

SAUSSURE (1857-1913)

Ferdinand de Saussure fut professeur de linguistique à l'Université de Genève. C'est par un ouvrage posthume qu'ont publié ses disciples en 1916 qu'il est passé à la postérité : *Le Cours de Linguistique générale*.

SCHELLING (1775-1854)

Avec Hegel et Fichte, Schelling est l'un des grands philosophes post-kantiens dont le système a été apprécié à la fois du temps de Napoléon et après le départ des Français. On lui doit une importante *Philosophie de la Mythologie* (1842).

SCHOPENHAUER (1788-1860)

Ce penseur post-kantien a écrit un très important ouvrage en trois gros volumes : *Le monde comme volonté et comme représentation* (1818). C'est un philosophe pessimiste qui pense que seul « le vouloir vivre » permet de l'emporter sur notre désir spontané de fuir, d'échapper à la condition humaine.

SOCRATE (470-399 av. J.-C.)

Socrate était un saint et digne homme qui passait sa vie à bavarder avec ses concitoyens. « Je ne sais qu'une chose, disait-il, c'est que je ne sais rien. « Il n'a jamais rien écrit mais toutes ses idées ont été reprises par ses nombreux disciples dont Platon fut le plus important. On connaît son mot célèbre, devise reprise au temple de Delphe : « Connais-toi toi-même. »

SPINOZA (1632-1677)

Ce disciple de Descartes distinguait trois degrés de connaissance : la connaissance du premier genre par ouï-dire ou expérience vague. C'est le savoir du sens commun. Au-dessus, la connaissance du second genre est celle de la raison, de l'entendement, c'est le type même d'une connaissance rationnelle ; enfin, le troisième degré de la connaissance nous est fourni par l'intuition. Spinoza est panthéiste, c'est-à-dire qu'il part de l'idée de base que Dieu est en tout et que tout est en Dieu. On lui doit une œuvre capitale l'*Éthique* et un livre précieux *La Réforme de l'Entendement*. (On pourra se référer au « Que sais-je ? » ou au volume de la collection « Initiation philosophique » ou encore au *Spinoza* d'Alain.)

STOÏCISME

C'est une longue histoire que celle du stoïcisme. Cette école a eu la vie dure ; elle a perduré plus de cinq siècles. On distingue l'ancien, le moyen et le nouveau stoïcisme. L'ancien stoïcisme est celui des fondateurs : Zénon de Cittium (336-264 av. J.-C.), Chrysippe (280-205 av. J.-C.) et Cléanthe. Puis, ce sont vers le deuxième siècle avant J.-C., des penseurs comme Herille, Panetius Posidonius : c'est une justice à leur rendre, nous n'avons pratiquement rien conservé des sept cents livres qu'avait écrits Chrysippe, ni des innombrables ouvrages rédigés par tous les autres. Il n'en reste que des citations, ce sont des doxographies (on appelle doxographie la science des citations). En revanche, le nouveau stoïcisme groupe des philosophes romains comme Sénèque ou l'empereur Marc Aurèle (lequel — comble du snobisme — écrit en grec !) ou grecs comme Épictète auteur du *Manuel* et des *Entretiens* et Plutarque. (On pourra s'initier à la lecture des stoïciens grâce aux morceaux choisis contenus dans *Les Stoïciens*, collection Les Grands Textes ou au Que sais-je ? de Jean Brun sur *Le Stoïcisme*.)

STRUCTURALISME

Ce qu'on appelle communément le structuralisme, n'est pas à proprement parlé une école constituée comme ont pu l'être le stoïcisme et l'épicurisme par exemple. Il s'agit d'un courant de pensée, né des réflexions des linguistes modernes à partir des travaux de Ferdinand de Saussure. En France, ce sont les « trois mousquetaires » (qui bien entendu sont quatre, comme l'a dit spirituellement M. Domenach) qui ont lancé ce mouvement : Claude Lévi-Strauss en ethnologie, Jacques Lacan en psy-

189

chanalyse, Louis Althusser pour le marxisme et Michel Foucault pour l'épistémologie. On lira par exemple le « Que sais-je ? » (*Le Structuralisme*) de Jean Piaget ou le volume de la collection psychothèque aux éd. J.-P. Delarge. Le structuralisme se veut un antihumanisme. L'homme n'apparaît plus comme la « mesure de toutes choses » : il serait plutôt le produit des structures.

TEILHARD DE CHARDIN (1881-1955)

Jésuite, ethnologue, découvreur en 1929 du « Sinanthrope », Teilhard de Chardin n'est devenu très célèbre qu'à l'extrême fin de sa vie lorsque l'on redécouvrit *Le Phénomène humain* publié en 1930. Loin de tirer de l'évolutionnisme une tendance au matérialisme, il se sert de ses recherches pour se convaincre du mouvement de la matière vers l'esprit car elle est, dit-il, la matrice de l'esprit. Il a appelé « biosphère » et « noosphère » les deux réalités de la vie et de l'esprit.

THOMAS D'AQUIN (saint) (1225-1274)

Cet illustre théologien fut aussi un chef d'école philosophique. Sa *Somme théologique* fut rédigée entre 1266 et 1273. Le thomisme continue, sept siècles après sa mort, à être enseigné dans les facultés de théologie et résiste à toutes les critiques qu'on a pu lui adresser. L'originalité de saint Thomas d'Aquin consiste dans une exceptionnelle harmonie entre la foi et la raison, la révélation et tous les mystères de la religion chrétienne d'une part et un raisonnement philosophique rigoureux de l'autre. Depuis la décision du pape Léon XIII (1879), le thomisme est devenu la doctrine philosophique officielle de l'Église catholique.

VALÉRY (1871-1945)

Ce grand poète fut aussi un merveilleux philosophe dont l'ironie à l'égard de la méditation permet de mieux comprendre certaines positions de la philosophie classique. Il dit par exemple : « On me pardonnera le peu de métaphysique, c'est-à-dire, de fantaisie que je me suis permis ici... » ou encore : « La philosophie est un pur jeu d'idées » ou bien : « Tout ce qui est esthétique est douteux » ou enfin : « Une philosophie n'est chose ni plus, ni moins sérieuse qu'une suite en ré mineur. »

WEIL (1909-1943)

Auteur de la *Pesanteur et la Grâce,* élève d'Alain, à la fois mystique et très rationaliste, grande résistante et militante d'extrême gauche, Simone Weil incarne l'image d'une femme philosophe farouchement attachée à son idéal, et morte pour lui.

WITTGENSTEIN (1889-1951)

Fondateur du cercle de Vienne, ce philosophe autrichien pense qu'aucun savoir métaphysique n'est possible : « La philosophie n'a d'autre but que de clarifier la pensée en vérifiant dans toutes ses disciplines la rigueur du langage » (Vergez).

ZÉNON DE CITTIUM (336-264 av. J.-C.)

Fondateur du stoïcisme, au début du quatrième siècle avant J.-C., qui s'installa près du Portique (stoa veut dire, en grec, portique).

ZÉNON D'ÉLÉE (490-450 av. J.-C.)

Ce disciple de Parménide qui créa l'école des éléates proposa toute une série d'arguments pour nier le mouvement comme l'a écrit le poète : « Je hais le mouvement qui déplace les lignes. » De fait, il est tout à fait impossible de comprendre strictement le mouvement sans le fixer, l'arrêter, le découper en tranches.

Pour plus de détails et d'informations sur les auteurs cités ou sur les mots utilisés, nous renvoyons à la lecture du *Dictionnaire de la philosophie* d'André Vergez et Denis Huisman, Collection ABC du BAC, éd. Fernand Nathan, auquel nous nous sommes souvent référés et au *Dictionnaire de la philosophie* de Didier Julia, éd. Larousse.

Achevé d'imprimer le 30 octobre 1978
sur les Presses de l'Union Parisienne d'Imprimeries
13, rue Yves-Toudic - 75481 Paris Cedex 10

Dépôt légal n° 7486 - 4e trimestre 1978
23.22.2856.04
I.S.B.N. 2.01.004122.4